失われた十部族の【不死鳥】

ヤハウェの民【大和】である日本人よ！

Hatakeda Hideo
畠田秀生

ヒカルランド

はじめに

私の生まれ育った日本は、実に素晴らしい国である。

二十三歳、一九六三年秋、無銭旅行を企て、貨物船でニュージーランドへ渡った。誰もその国のことを知る知人はいなかった。日本が世界へ飛び立つ直前であった。

初回東京オリンピック開催を翌年に控え、日本は戦後の復興猛烈時代へ突入しようとしていた。貿易自由化になる前だから、外国へ行った友人も知人もいなかった。「鎖国」状態の中、日本を世界に知らせる名目で日本舞踊、未生流の門を叩き日本的なものを身につけて三年目に渡航した。太平洋を十八日貨物船に揺られ赤道を越えた。

それから日本は駆け足どころか全速力で走りだす時代に突入した。瞬く間に時代は変わり、私が日本を飛び出したことになど誰も見向きもしない時の流れが数年もしないうちに訪れた。

隣の国オーストラリアまで飛行機で三時間ほどもかかる孤島とも言えるとは言い過ぎか、そんなところで初めてキリスト教会に連れて行かれた。決して自分から行ったのではない。オークランド港に着いたその日が日曜日だった。貨物船に伝道に来た青年が誘ったのだ。大学は休学届を受理してくれたおかげで学生という身分でアルバイト先を見つけて次の国アメリカを見据えていた矢先だった。休日出勤は二倍の賃金のため教会出席は時間の無駄と思い、教会とはおさらばと決めたその日の夜、イエスが私の前に立たれた。ケネディ大統領が暗殺された翌日であった。

私はクリスチャンになった。そこで聖書をむさぼり読んだ。日本で知り合った女性登山家の依頼で日本の女子大生がアメリカ横断するのでその運転を頼まれたのを断わり、イギリス、ヨーロッパの二年にわたる親善の旅計画を全部キャンセル、世界旅行を断念して翌年ニュージーランドのオリンピックの選手と共に東京羽田空港に降り立った。聖書の中の宝物を見つけたのだからもう世界旅行どころではなくなった。

畑に隠してあった宝物を見つけた商人が、持ち物を全部売り払って、その畑を買って宝物を自分のものにしようとしたようなものである。

この世のいのちはいつか失せてしまう。この世で貯えた宝物に永遠の価値はない。そのいのちを人さまに語り伝えて五十数年になるが、多くの日本人はそっぽを向いている。私がそれほどまでに感激したものを一所懸命語り伝えても、なぜか見向きもしない。

日本人よ。私はこの書で魚を釣ろうと思う。釣るのではなくて漁《すなど》ろうと思う。これから蒔き餌を投げる。魚が寄ってくるだろうか。蒔き餌を狙ってくる群れの中で私がねらっている「魚」はおいしい魚である。私はその「魚」を神様にささげるために慎重に網を投げる。

目次

第五章 ユダヤ人のような日本人 58

第六章 地の果てに追いやられたイスラエル 82

第七章 日本の現場とイスラエルの現場 93

第八章 東の日の昇る国の中のユダヤ性 104

第九章 神は日本を愛するがゆえに 114

第十章 ドライボーンズ 125

第十三章

アブラハム、聖徳太子、イエスの残したもの

カバーデザイン　浅田恵理子
本文仮名書体　文麗仮名（キャップス）

第一章　御頭祭《おんとうさい》

それは厳《おごそ》かな祭りであった。踊りもなく、叫びもなく、粛々と行われ参列する男たちはすべて上下正装のスーツ。この神事がとてつもなく重要な儀式であることがわかった。毎年四月十五日、長野県茅野市諏訪湖南約七キロのところにある諏訪大社、上《かみ》社前宮《しゃまえみや》で行われる。本州の中心地と書かれている山、前宮の背後にあるモリヤ山（一六五〇・三m）が奥殿でありご神体。その頂上からの眺めは三百六十度の大パノラマが楽しめる。その主祭神ミシャクチ神を奉るのは代々七十八代にもわたる守矢家が神《じん》長官《ちょうかん》（参考①）である。

1. ミシャクチ神（ミサクチ神）MISAKUCHI

MISAKUCHIのMは接頭語の子音、ISA・KUイサク、CHIチは接尾語であるともいう。また古語の蛇だとする説もある。漢字では「御左口神」「三社口神」「御社宮司神」「射軍神」「尺神」と書いたりするが定説はない。いずれも当て字であって元来は外来語と思われる。江戸中期の国学者、紀行家である菅江真澄《すがえますみ》が模写した江戸時代の御頭祭の（御神《おんこう》生贄の神事）と旧約聖書創世記二十二章を比較対照してみる。

菅江真澄の記録

「私はここから十六町（約一七〇〇メートル）ほど東へ歩いていった。前宮というところに十間間口の直会殿《なおらいでん》がある。そこにはなんと鹿の頭が七十五、真名板《まないた》の上に並べられていた。その中に耳の避《さ》けた鹿《しか》がある。この鹿は神様が矛《ほこ》で獲ったものだという。……そのうち長殿《おさどの》が敷皮から立ち上がり、一本の木の下へ行く。弓矢を持っているので何かを射ようとするのかどうか、……やがて篠《しの》の束《たば》の縄《なわ》をほどき、筵《むしろ》をばらばらにしてその上に敷き、花を添える。長殿はそのままじっとしている。その時長さ五尺（約一・五メートル）あまり、幅は五寸（約十五センチ）ほどで先の尖った柱を押し立てる。これを御杖《おつえ》とも御贄柱《おにえばしら》ともいうが、どうであろうか。……御神といって、八歳ぐらいの子供が、紅《くれない》の着物を着て、この御柱にその手を添えさせられ、柱ごと人々が力を合わせてかの竹の筵《むしろ》の上に押し上げて置いた。……そこへ上下《かみしも》を着た男が、藤刀《ふじがたな》というものを、小《ちい》さな錦《にしき》の袋から取り出し、抜き放って長殿に渡す。……そして柏手を打つ音が三つ聞こえて後、神楽が止《や》んだ。例の神の子供たち（参考②）を、桑の木の皮をより合わせた縄で縛りあげる。その縄で縛る時、人々はただ、「まず。まず」と声をかける。ともし火をともす。……いよいよ祭りは最高潮となる。諏訪の国の司《つかさ》からの使者の乗った馬が登場する。その馬の頭をめがけて人々はものを投げかける。しかし、この馬はとても早く走る。その馬を今度は子供たちが大勢で追いかける。その後ろから、例の御贄柱を肩に担いだ神官が「御宝《おたから》だ、御宝だ」と言いながら、長い鈴のようなものを五個、錦の袋に入れて、木の枝にかけ、そろりそろりと走り出し、神の前庭を大きく七回回って姿を消す。そして、長殿の前庭で、先の桑の木の皮で縛られていた子供たち（参考②）が解き放たれて祭りは終わった」（『菅江真澄の信

濃の旅』信州教育出版社より）

参考① 建御名方命《たけみなかた》の子孫、諏訪氏が大祝《おおほうり》という生神《いきがみ》の位に就き、洩矢神の子孫の守矢氏が神長（じんちょう＝のちに神長官ともいう）という筆頭神官の位に就いた。

② 子供たちとあるが、私（筆者）が神事で見た子供はひとりであった。

2. 現在の御頭祭

「御贄柱」の風習は残っているが「御神《おんこう》」の儀式はなされていない。七十五頭の鹿の頭は、はく製でまかなわれている。明治の頃までは生首を使っていたが、現在は数頭のはく製である。

雅楽の音と共に神饌《しんせん》の中心は動物であって、その昔二千数百年に及ぶかもしれないその儀式が行われていた「十間廊《じっけんろう》」は、さぞかし血みどろではなかったか。これほどの血ぬられた祭儀は恐らく全国でもこの諏訪大社だけか。藤森照信氏は、「なぞに満ちている。御神という子供を御贄柱と共に押し上げ、その後、立木に縛りつけるのはなぜか」と記す。

明治四年に新政府はこの祭りを人身御供《ひとみごくう》だとして停止した。そのことを神主に聞いてみたところ「残念です。一番大切なところを守れないことは誠に遺憾です」と言われた。ただひとりの子を生贄《いけにえ》にするという原始的な宗教のそれよりはるかに深い意味がそこに隠されている。

この御頭祭には「廻湛神事《まわりたたえしんじ》」がある。湛えとは満潮、満たすという意味がある。別名廻り神とも言われている。この祭り神事の主役は、御神という大祝《おおほうり》の代理となった童男が、茅野市に区画された町内を散歩する。三方向廻って開始され特に外廻りの廻湛神事の時には三日前に出発するという。

3. 聖書の創世記二十二章アブラハムの試練

今から読むところは旧約聖書にあるアブラハムの試練の物語である。要点のみを抜粋するることにする。

神はアブラハムを試練に遭わせられた。神は仰せられた。「あなたの子あなたの愛しているひとり子を連れて、モリヤの地に行きなさい。そしてわたしがあなたに示す一つの山の上で、全焼のいけにえとしてイサクをわたしにささげなさい」翌朝早く、アブラハムはろばに鞍をつけ、ふたりの若い者と息子イサクとをいっしょに連れて行った。……三日目に、アブラハムが目を上げると、その場所がはるかかなたに見えた。……アブラハムは全焼のいけにえのためのたきぎを取り、それをその子イサクに負わせ、火と刀とを自分の手に取り、ふたりはいっしょに進んで行った。……ふたりは神がアブラハムに告げられた場所に着き、アブラハムはその所に祭壇を築いた。そうしてたきぎを並べ、自分の子イサクを縛り、祭壇の上のたきぎの上に置いた。アブラハムは手を伸ばし、刀を取って自分の子をほふろうとした。その時、主の使いが天から彼を呼び、「アブラハム。アブラハム」と仰せられた。彼は答えた。「はい。ここにおります」主の使いは仰せられた。「あなたの手を、その子に下してはならない。その子に何もしてはならない。今、わたしは、あなたが神を恐れることがよくわかった。あなたは、自分の子、自分のひとり子さえ惜しまないでわたしにささげた」

アブラハムが目を上げて見ると、見よ、角をやぶにひっかけている一頭の雄羊がいた。アブラハムは行って、その雄羊を取り、それを自分の子の代わりに、全焼のいけにえとしてささげた。そうしてアブラハムは、その場所を、アドナイ・イルエと名付けた。今日でも、「主の山の上には備えがある」と言い伝えられている。（創世記22：1～14）

これは旧約聖書にある記事である。ことはここから発展する。その直後、神はアブラハムとその子孫に大きな約束を与えられた。それがイサク、イサクの子ヤコブそしてヤコブがイスラエルと改名して十二部族の父となる。ダビデそしてソロモンが生まれる。ソロモンの繁栄は世界に類のないものとなった。その当時の世に与えた影響と力は、現在にも及び全世界に知れ渡っている。

「わたしは自分にかけて誓う。あなたが、このことをなし、あなたの子、あなたのひとり子を惜しまなかったから、わたしは確かにあなたを大いに祝福し、あなたの子孫を、空の星、海辺の砂のように数多く増し加えよう。そしてあなたの子孫は、その敵の門を勝ち取るであろう。あなたの子孫によって、地のすべての国々は祝福を受けるようになる。あなたがわたしの声に聞き従ったからである」（創世記22：16～18）。

このアブラハムへの祝福は日本人にとって他人事《ひとごと》のように見える。これは世界の常識が日本の非常識である。世界の常識と言ったのは、キリスト教世界とイスラム教世界においては「アブラハム」は二大聖人また偉人として知られている人物であるからである。聖書上に表れる人物またイスラエルの歴史に疎く、旧約聖書の知識に乏しいのは致し方ない。だが諏訪で行われている御頭祭は日本建国以来のイサク奉献神事としてなされている事実。これは何を意味しているのか。ここでこの類似する不思議から私たち日本人がどこから来たのかを探り知ることができると踏んでこの書を書き始めようと思った次第である。

4．七十五の共通の数字

アブラハムが神の声を聞いた時から三日目にはモリヤの山に着いている。その祭りは三日前に馬に乗って始まる。アブラハムはひとり子イサクを縛り上げ、たきぎの上に載せる。「御神」も縛り上げられ竹の筵の上に押し上げられる。アブラハムは刀を

יחיד

「ヤァコウド」

ただひとりという意味

振り下ろそうとする。神主は藤刀を振り下ろそうとする。まさにその時、神は天使を通じてアブラハムの手を止められた。御頭祭では馬に乗った使者や御贄柱を肩に担いだ神官が現れ子供は生贄から解き放たれる。

アブラハムが目を上げると、角を藪《やぶ》に引っ掛けている雄羊がいた。その雄羊を犠牲として捧げた。御頭祭の祭りでは、角のある鹿が七十五頭まな板の上に並べられた。日本では羊がいなかったので羊の代わりに鹿が捧げられたのであろう。なぜ七十五頭なのか。この数字はイスラエル民族の救いと関係がある。新約聖書「使徒の働き」七章十四節「そこで、人をやって、父ヤコブと七五人の全親族を呼び寄せました」とヤコブの子ヨセフによって救われた親族の数と一致している。

また七十五という数字は、サマリアの過越《すぎこし》の祭りでは七十五頭の羊がほふられていた。北イスラエルのサマリアのゲリジム山の祭りなのである。その山は南ユダのモリヤ山にあたる。そのゲリジム山は、別名モリヤ山である。「御神《おこう》」であるが漢字で神使と書く。当て字である。音としてみる方が妥当であろう。創世記二十二章の二節、ひとり子イサクはヘブル原語では、「ヤァコウド」（ただひとりという意味）になる。

第二章　大和魂

旅行の途中で電車に乗る時がある。座席について落ち着くとその電車の乗客に目をやる。外の景色を見て一息入れる。そのようにこの書を手に取り、読み始められた皆さんは、この私がどんな旅をしてきたかをのぞき見したいのではないかと勝手に想像してみた。ここで少し自己紹介を兼ねて私の遍歴を記してみることにする。

分かれ道にさしかかり、狭い道を選ばなければならない時決断が要求される。人生途上で夢みる時、「いやその道ではない。辛いかもしれないがおまえの道はこっちだ」と言われ、居心地の良いところから人里離れたところに行かなければならない場合などがある。空腹で千円しか所持金がないにもかかわらず、友人の誕生日プレゼントを買うためにその全額を差し出して、自分の夕食を抜くというのも狭い道の一つかもしれない。友人が訪ねてきて、不慣れなところなので一緒に来て欲しいと頼まれた時、時間を割いて道連れになるのも狭い道を歩くことの一つかもしれない。これらの狭い道を歩む心構えを新約聖書にあるイエスのことばが保証する。

マタイの福音書十章三十九節である。

「自分のいのちを自分のものとした者はそれを失い、わたしのために自分のいのちを失った者は、それを自分のものとします」

大変な心の葛藤と苦しみが襲う。こんな体験をした人ならば、その感覚を思い出されるだろう。

第一章でアブラハムの試練を見た。

アブラハムは愛するひとり子イサクを連れてモリヤの山へすぐに出かけた。十戒で有名なモーセは燃える柴のところでエジプトへ戻る決断をした。「はかない罪の楽しみを受けるよりは、むしろ神の民と共に苦しむことを選びました」は実に狭い道であったはずだ。

イエスの死は私たち人の死とは異なっている。罪のない者が罪ある者のための贖《あがな》いとしての死であった。しかし、イエスも人の子であった。この自分のいのちと神からのいのちの間に立たれて苦悩しておられる。三度もゲッセマネの園で血の汗を流して祈られた。このような試練はイエスに従う者にとって、避けて通れない人生の旅の駅、人生の節目、すなわち次の段階への成長を意味する竹の節となる。このような体験は日常茶飯事の小さな事柄でよく出合う。また人生の方向を全く変えてしまうであろう就職、結婚、そして愛する者との死別などの重大事は避けて通れない節目となって襲う。

1．日本文化を尊ぶ伝道の道

「はじめに」のところでも書いたが、私は一九六三年、世界旅行の途中ニュージーランドでクリスチャンになった。回心したのである。すべての計画を中止して日本に帰った。自分の野望を捨てて伝道のため帰国した。母は「西洋の坊主だけにはなるな、一クリスチャンとしてなら賛成する」と猛反対した。母は来る日も来る日も泣いた。自殺するとまで言った。

一ヶ月で母の髪の毛は真っ白になった。帰国してすぐに一面識もない本田弘慈《こうじ》牧師を訪ね、本田クルセードの一員として全国伝道に参加が許された。九ヶ月後、ひとり大阪で開拓伝道を始めた。母は私が信じた神を信じなかった。それから三十年の月日が過ぎた。西洋式キリスト教宣教から日本文化は聖書の中にあると目覚めた私の話を聞き、「ナムアミダブツ」と日々唱えていた母は、「南無《ナム》イエス・キリスト」と唱えたのである。それまで私はイエス・キリストと西洋文化の中で学んだキリスト教を日本人に語り続けていた。墓や先祖崇拝に全く背を向けていた私は、日本文化は悪魔の巣窟のようだと思い込んでいた。その私が父の墓へ母と一緒に行った。お坊さんの話を聞きながら日本仏教の中のそこかしこに聖書の真理があることを話すや否や、母は私に耳を傾けてくれたのである。母の信仰転換は、日本人を得るために私が日本人の本質に気づき、「日本人」になったからであった。八十歳の母は、九十六歳まで永らえてイエスを信じてその旅路を終えた。

確かに私は狭い道を選んで伝道に徹した人生であった。自分の主張に固執して自分の得た教理教則にしがみついていた。自分が得たものをもってするよりほか、物事を処理する方法は思いつかないものである。

日本の土壌ではキリスト教は、まだ西洋の宗教と思い込まれ、その果実の豊潤さを十分に味わえない空気がはびこっている。その空気の覆いはイエスの信仰の神髄を捉え土着化させず、長続きさせない力も持っていた。肥料の与えられないやせた土地に育つ野菜のようであった。多くの人を私はイエスのもとに導いたが、最も愛する母を導けない私の葛藤から学んだ旅路の数コマをここに書きしるしていくことになるだろう。一番大切なものを忘れていた私の反省記録でもある。また成功秘訣《ひけつ》談となればうれしいが。

大阪の中心地での開拓伝道開始時は、私の親しいクリスチャンの友人とアコーディオン奏者（彼は私たちが一ヶ月前に本田弘慈牧師の教会に連れて行きそこでクリスチャンになった）の三人だった。しかし私の親しくしていた友人は次の週に聖書を学びにニュージーランドへ行ってしまった。二週目の日曜日、高校時代の後輩がイエスを信じた。彼女は幾人かの友人を貸し部屋の集会場に連れて来た。そして友人が友人にそして知人に声をかけ、半年後のクリスマスには十名ほどが洗礼を受けた。詳しくは私の自叙伝『井の中の蛙大海へ』と『翻弄の海からの脱出』（マルコーシュ・パブリケーション）に詳しいのでここでは木を見て森を見ずではなく、森をのみ記すことにする。

十年後、大阪の郊外に二百坪の土地にプレハブの教会が建った。二十年目には立派な会堂が建ち、三十年目には、日曜礼拝に五百人から六百人の人々が集うようになった。火曜日、木曜日の週日に四百人が集った。日曜学校は子供であふれた。もっともその数が問題ではなく、人が新しく造り変えられることが重要なのである。多くの人が集うようになると人は外見に目が行くようになる。宗教儀式に重点が置かれるのは避けることができない大きな弊害となって表れた。

その時私は気づいた。というより気づかされたのである。「日本の文化を尊びなさい。日本に遣わしたあなたは日本人であることをを忘れて、エジプト人のように育てられたモーセのようにエジプト人を殺している。イスラエルの民（日本民族）にわたしの心で接することを忘れている。日本の教会を見なさい。日本人全体への伝道を考えなさい。一教会の成長のみを考えるのはやめなさい」と神が云われたのである。日本国民は神の恩恵を受けているのにもかかわらず、神の賜物（贖いの賜物）（参考①）に気づかず、知らない神を拝んでいる、と。

参考①　（贖いの賜物）聖書の真理に至るためにそれぞれの国には神を求めることができる要因となるものが存在していることを「贖いの賜物」と呼ぶ。

2. 本田弘慈牧師のことば

独りよがりの身勝手な私の思い込みかもしれないと思った。日本文化をことさらに取り立てて問題にすることはないのだ。キリストを信じるある人たちのなかで「聖霊が私にこう云われた」と主観的かつ独善的になり、他者が口を挟む余地のない原理主義的な発想をする人に私は会ったことが多々あった。私は牧師として真理に正面から取り組むだけでいいのではないかと。その時、本田弘慈牧師は私に声をかけられた。「あなたは一つの教会で偉くなって人々から尊ばれていたいのだろう。それはプライドだ。召されたと信じているのなら、この教会を去って一から始めなさい。日本のために立ち上がりなさい」

このことばは私の胸につき刺さった。目の前にあるのは二つの道だった。その間に挟まり苦悩した。その苦悩はアブラハムがひとり子イサクを捧げたように、私も悩んだ。ことの大小は問題ではなく、人それぞれ自分の欲望に死ぬ決断をしなければならない時がある。私たちに日々やってくる試練は、ことの大小はあっても質は同じである。私にとっては汗水流した末の三十年間に築き上げてきた友好関係、我が魂の全力投球の結果の魂の収穫を断ち切ることになる。シャンデリアのある教会堂、千坪を超える土地などに愛着はなかった。教会を去る妨げは仲間との別れであった。狭い道を選ぶことはその仲間との別れを意味していた。

「この道を歩め」と羊飼いの声を聞いたなら、羊は聞き従う。ニュージーランドのリーダー、長老たちは私が日本文化を学ぶのは良いが、教会で語るのはダメだと言った。家内は賛成してくれた。私たちは私がゼロから始め共に築き上げてきた教会を去った。

自分のいのちを失うことが新しいいのちを自分の内に得ることである。これは理論ではなく実生活上で実験することとは天と地の差がある。理論には苦悩や葛藤は生じない。枯れた骨に肉が生じ、皮膚が覆い、生きて大群衆になりはしない。自分を捨て自分の十字架を負って進む者、苦悩の谷を歩む者だけが枯れたバラバラになった骨を結び合わせる。と同時に骨が生き返り大群衆になるのを見る。

二つのものの間に挟まる苦しみは、日本人にとってそんなに違和感はない。私たち日本人が親しんで尊ぶ人たち、大和魂を抱いていた往年の大丈夫たちが経た苦しみの質はここでは差し控えたい。人の心を顧みてくださる神様がおられることを信じる信仰が貴いことだけを確認して次に進みたい。

3．日本魂（ヤマトダマシイ）

吉田松陰は言った。

「かくすればかくなるものと知りながらやむにやまれぬ大和魂」

西郷隆盛は言った。

「いのちもいらぬ、名もいらぬ、金もいらぬ」

山岡鉄舟が慶応四年、徳川慶喜の恭順謹慎の実情を訴えに駿府の大総督官の本営まで単身赴いた時、西郷は驚いて「どうしてここまでやってくることができたのか」と尋ねた。いのちをかけた者の姿が武士の生き様であった。

平清盛が太政大臣関白となり当時の公家が陥った浮華文弱《ふかぶんじゃく》の落とし穴に陥った時、息子の重盛は、忠孝の狭間で忠ならんとすれば孝ならず、孝ならんとすれば忠ならず、と悩んだ。平家はその傲慢のゆえに滅びた。ものの道理、真理は常にいのちのかけ引きの中にあることを聖書は教えている。

この心構えの土壌が武士のみならず一般大衆に浸透していた。

一般大衆は武士を「お武家様」と呼んだ。その生き様が民の模範であった。階級世界にあってもノブレス オブリージュ（Noblesse oblige ＝高貴なるがゆえの義務）である公義、慈愛、仁に立ったリーダーシップが存在していた。しかし今は、武士道がこの日本で化石化している。そこかしこに枯れた骨のようにうずくまっている。イエスの福音が日本人に伝えられる時、不死鳥のごとく日本人の大和魂に火がついて、舞い上がると期待したい。なぜなら福音はグッドニュースだからである。

これこそ神の恵みであって日本の贖いの賜物である。どの国にあっても贖いの賜物がある。神の配慮を見ることのできる伝道者によって福音は宣教される。

ニューギニアの首狩り族に自分の子供を捧げて部族間の争いに和平をもたらす儀式がある。子を捧げる母は、イエスの十字架での人類への贖罪に通じる贖いの賜物を事実行っていた。ただ福音を知らないだけだった。誰がその部族に福音を伝えたのであろうか。その贖いの賜物はすでに彼女を福音の近くに導いているのにもかかわらず長い間その部族の人々は「枯れた骨」の中で苦しんでいた。贖いの賜物は、その国々における風習、伝統、宗教を含めた文化の中にあって、その民を真理に導くために存在する。封印されていると言っていいかもしれない。宣教師がその部族の中に入って福音を語った時、部族の長をはじめその人たちは福音を受け入れた。論理、教理でない。聖書に息づいている神の福音の力である。

明治の代になって武士道は、狭い仲間集団の意識から広い天下の公道にまで引っ張り出された。その功績者の一人が新渡戸稲造だった。沢山保羅《さわやまぽうろ》（参考①）、新島襄《じょう》、本多庸一、木村熊二、横井時雄そして内村鑑三らであった。彼らはイエスの武士らしき人格に惹きつけられたのである。

内村鑑三は言った。

「イエスがタルソのパウロを弟子としてもちいたまいし以来、沢山保羅の日本武士のごとき端的にして武侠的なる弟子を持ちたまいしことはない。日本武士は最上のキリスト信者を作るとは世界の公評であると思います」

彼らが武士の出身であるので、日本人全体にキリスト教が入ってきたとするのは浅見である。

その当時日本人がキリストを信じるにあたり、武士階級の地位が大きくものを言ったというのはパウロが宣教の神髄を記したコリント人への手紙に反する。武士道という精神が的を射たというのも間違いである。イエスを知るに至る道は武士道の精神ではない。イエスを知る道は人知や身分の高さによるものではない。むしろ知者を辱めるために、この世の愚かなものを選び、強いものを辱めるために、この世の弱いものを選ばれたのである（第一コリント1：27）。正しくはイエスの福音が武士道の精神を聖化するのである。

イエスの福音はザビエルよりはるか以前に入ってきていた。それが日本人の潜在意識に潜り込み自分のいのちをささげて仕える武士となる過程に影響を与えた。儒教や禅に見られる果実のルーツなどはこれからの研究課題でもある。なぜならいのちを捨ててもなさねばならぬことがあるとする日本魂《やまとだましい》の痕跡が日本人の中に散見されるからだ。それが今は枯れた骨となって谷間に横たわっているとしても、その背後にある預言を語ることのできる日本のエゼキエルが現れるのが私の切なる祈りである。

キリスト教は理論ではない。私を愛して十字架上で罪の贖いのために死なれたイエスのために、自分のいのちをささげ投げ出す、これが福音の力である。信じた者たちが自分を捨ててイエスに従う時、日本人は共感を覚え大和魂に火がつくのである。日本人に世界に通用する信仰が見られるようになるために、大和魂を揺さぶり起こす伝道者が、いや預言者がそこかしこに立ち上がる決意と献身以外にない。

「かくすればかくなるものと知りながらやむにやまれぬ大和魂」

吉田松陰の叫びというべき日本人の魂を投げ出す精神性は、神の愛の贖いの賜物である。

参考①　沢山保羅《さわやまぽうろ》＝嘉永5年3月22日（1852年5月10日）〜明治20年（1887年）3月27日、日本のキリスト教牧師、教育者。

第三章　伊勢の神宮とイスラエルの幕屋

1．聖なる務め

イスラエルの民がエジプトの奴隷状態から逃れた後、モーセは十二部族の中からレビ人を祭司の務めに任命した。

「あなたは、レビ人に、あかしの幕屋とそのすべての用具、およびそのすべての付属品を管理させよ。彼らは幕屋とそのすべての用具を運び、これを管理し、幕屋の回りに宿営しなければならない。幕屋が進む時はレビ人がそれを取りはずし、幕屋が張られる時はレビ人がこれを組み立てなければならない。これに近づくほかの者は殺されなければならない」（民数記1：50、51）。

なんと聖なるものなのであろうかと驚く。イスラエル民族の集団は十二部族それぞれ自分の天幕を張るが、レビ人はあかしの幕屋の周りに宿営した。いつも神の臨在される指定された特別のところである幕屋の近くにいた。レビ人はあかしの幕屋での任務を果たさなければならなかった。

レビ人の父であるアロン（モーセの兄）にナダブとアビフという子がいた。このふたりは神が命じたものとは異なった火を神の前にささげた。すると、神の前から火が出て焼き尽くされ、神の前で二人は死んだ。「私に近づく者によって、私は自分の聖を現わし、すべての民の前でわたしは自分の栄光を現わす」（レビ記10：3）

身の引き締まる務めである。聖なるものと俗なるもの、汚れたものと清いものを区別してその任務に当たらせた。アロンの生き残っていた子エレアザルとイタマルにモーセは言った。

「主への火によるささげ物のうちから残った穀物のささげ物を取り、パン種を入れずに祭壇のそばで、食べなさい。これは最も聖なるものであるから。それを聖なる所で食べなさい。それは、主への火によるささげ物のうちから、あなたの受け取る分け前であり、あなたの子らの受け取る分け前である」（レビ記10：12、13）。

祭司の務めは生半可なものではない。聖であり、厳粛であり、いのちがかかっている務めだ。聖職者と言われる人が少女たちに性的暴行をしたというニュースが日本中を駆け巡ったことがあった。神父たちの不品行も世に闇を投げかけた。神主が人を殺《あや》める事件を起こすなどは聖なる務めを何と心得ているのだろうか。

2. 伊勢の神宮と異なる忌火

伊勢の神宮には「忌」という文字がつく語が多い。神聖なものに関する時に使われる。「忌火《いみび》」「忌種《ゆだね》」「忌麹《いみこうじ》」「忌火屋殿《いみびやでん》」「忌箸《いみばし》」など。神事に用いることばで、清浄であることを第一にしているにもかかわらず一般に使用が禁止されている「忌《いみ》」の文字を用いる。この「いむ」には、斎《さい》、諱《いみな》、禁《きん》などの文字を用いるがいずれも人が穢《けが》れを嫌うことを意味している。

身を清めて穢さないという文字である「忌」は、潔斎、斎館、斎宮、斎食の斎と同じ意味である。神宮のものに「忌」が用いられる時、その聖なる務めのゆえに清める意味に転換するという深い配慮がそこに込められている。それは人類の罪の清めの願いをその務めの中に神宮は預かっている。「忌火を鑽《き》る」ということばがあるが清らかな火を意味する。

火の穢れはタブーであった。神職に携わる神官は神事に入る前の穢れを嫌う。食べるものも家族の煮炊きをする火ではなく、忌火《いみび》（参考①）を鑽《き》ってとった火を使う。鍋などの調理道具も替えて穢れや世俗と一線を引いて神事に臨む。忌火は忌火屋殿《いみびやでん》で木と木を摩擦させて檜の板に杵《きね》と呼ばれるママビワの木を心棒にして上下、上下と何回も回転させて火種をとる。その火種を杉の枯れ葉に移して造る火で神様の前での神事を行う。それ以外の火は異なる火であって禁じられている。これはモーセがアロンの子に伝えた神事と同じである。モーセの命じた神職性と行事そのものが日本の伊勢の神宮にある。

参考①　〈忌火〉神道で「清浄な火」のこと。火鑽《ひき》りで熾《おこ》し、神様への供物の煮炊きなどの神事に用いる。宮中や伊勢神宮などの重要な祭りにあたり新しく鑽り出される火のことをいう。他の神社においても鑽火神事《きりびのしんじ》として行われる。

3. 日本の時代と場所の意図するところ

世界は今民族と民族との戦いに明け暮れている。文明と文明の戦い、力と力の衝突がある。力による現状打破である。それが侵略である。侵攻である。二〇二二年二月、ロシアがウクライナに力でもって現状打破を試みた。しかしこの世の勢力に逆らうように、聖なる儀式と和の精神を尊び、粛々と命じられたことを千数百年行っているのが日本である。

「あなたがたは神への捧げものを持って来るその日まで、パンも炒《い》り麦も、新穀も食べてはならない。これはあなたがたがどこに住んでいても、代々守るべき永遠のおきてである」と旧約聖書のレビ記二十三章十四節を守っている民はどこにいるのか。いやいないのか。この日本ではないか。

驚くべき記述がモーセ五書トーラーのレビ記の中にあった。

「イスラエル人に告げて言え。わたしがあなたがたに与えようとしている地に、あなたがたが入り、収穫を刈り入れる時は、収穫の初穂の束を祭司のところに持って来る。

祭司は、あなたがたが受け入れられるために、その束を主に向かって揺り動かす。祭司は安息日の翌日、それを揺り動かさなければならない」（レビ記23：10、11）。

これは日本の神宮で行われていることなのである。

私は三重県志摩市の英虞《あご》湾に臨む大王町に住んでいる。私の家の近くのホテルでシンポジウムが開かれた。国際日本文化研究センター教授、川勝平太氏の講演を聞く機会があった。要約してみる。

日本はその時代を場所で決めてきた。奈良に行けば奈良時代が見える。京都に行けば平安時代が見える。鎌倉に行けば武士の時代の勃興が見える。室町文化で円熟期を迎え江戸時代にあって、一六〇〇年から三百年にわたらんとした世界が希求する安全都市、百万人を抱えた都市が見える。その場所を江戸という。戦いのない江戸時代の再現は大東亜戦争の修羅場を潜り抜け、見事に復興を遂げた昭和、平成、令和の時代を迎えた。模範とすべき安全性と平和を享受する東京は、今や世界屈指の大都会一千万人が住む。西洋文明のすべてを集結したともいえる東京は、世界一安全と言われて久しい。今後、日本は地方分権の時代に入ろうとしていると教授は語り、日本以外の世界のどこに、場所を時代に分けて歴史を見る国があろうかと結ばれた。

日本人の心の原点、宗教の原点を伊勢に見る。精神的原点を伊勢という場所に見る。それも伊勢の神宮に見る。イスラエルのモーセの律法と形の美を見る。その形はきらびやかさとは縁遠いが、心に安らぎと静けさはある。イエスの平和の福音と神を愛し敬う心の表れのようなものが伊勢にあるような気がしてならない。

イギリスの歴史家アーノルド・J・トインビー博士は、一九六七年伊勢の神宮に参詣して「この聖地には、あらゆる宗教の根底に横たわっている統一性がある」と言った。加えて彼はその地を「神聖な場所」と言った。ジャーナリスト南里空海氏は『伊勢の神宮』（世界文化社発行）の中で、神域、聖域、聖地と呼ぶに最も相応しいとその印象を語っている。仏教の僧、西行法師は、

なにごとのおわしますかは知らねども
かたじけなさに涙こぼるる

と歌った。

「神」を知らないがありがたいと詠《よ》んだ。

4. 伊勢の神秘と愛と和

宗教を超えたものが伊勢にある。それは日本の真の姿であり和を尊ぶ魂の安らぎである。魂が内から外に現れ形となった日本人の原点ともいうべきものがある。人は内《ない》宮《くう》の参道を訪れるたびに不思議な清らかさを感じる。物事を簡素化したらこのようになるのではないかと思えるほどの究極の美が漂っている。身を清める禊《みそぎ》の五十鈴川沿い、玉砂利を踏む人々の足音は清々しい。水による清めのもたらす清々しさである。

モーセは幕屋の作り方を教えているが、幕をつなぎ合わせる時その一枚の幕に鈴を五十個つけた。つなぎ合わせた他の幕の端にも輪を五十個つけ、金の留め金を五十個作りその留め金で幕をお互いにつなぎ合わせて一つの幕屋にした。これはまるで幕屋全体に鈴をつけたようであったろう。神宮はモーセの幕屋を原型として自然に溶け込ませて超シンプルにしたもののようである。そうならば元の形の名残として五十の鈴を清めのしるしとして漢字を当てはめたのではないかと思われるほどだ。イエスの名によってバプテスマ（洗礼）を授けたのならギリシャ語（シリア人も話していた）でイエスース川でのバプテスマ（洗礼）は日本では五十鈴川での禊となったのではないかと思われる。伊勢が古代アラム語のイエシュアから派生した発音は、「イセ」であると発表したヘブル詩歌の研究で名高い川守田《かわもりた》英二氏のことばを思い起こす。

まさに伊勢という名の地名が二千年にわたって厳守してきた神事は、神秘そのものである。伊勢の歴史はモーセによって与えられた厳しい戒律としきたり、規律の正しい精神を継承してきた生き残りそのもののようにさえ思わせる。

モーセの教えの基盤である聖なる型は、実践の時に力となる。隣人への愛と和の実践につながりこそすれ、負とはならない。モーセの律法を成就するイエスはモーセを否定しなかった。愛は神宮の聖なる型をその腕に抱きこそすれ拒絶はしない。

第四章　日本文化は神の恩寵

1．全世界に通用する神の意図と文化

日本文化を包み込むくらいの包容力が神様にはあるはず。さもなくばその神は小さい偏狭な神であり、ヨーロッパ文化にのみ許容されるのならその方は神ではない。日本だけに対応するなら日本だけの神ということになる。私たち（全人類）が信奉する神は、全世界に通用する神様であるはず。神が神ならば、日本独自の宗教、風習、伝統、習慣などを包括した文化というものを治めることができるはずである。聖書の黙示録に天国での様子が描かれている。

「諸国の民が、都の光によって歩み、地の王たちはその栄光を携えて都に来る。……こうして、人々は諸国の民の栄光と誉れとを、そこに携えて来る」（黙示録21：24〜26）とある。国の栄光と誉れとは、その国々の文化であり特色でありアイデンティティーである。それらをないがしろにすることなどありえないし、あってはならない。

しかし日本のキリスト教会の現実には、日本文化は天国では通用しないといった素振りが窺《うかが》える。

私の母は日本に息づいている日本的なもの即ち先祖を大事にするとか、家の風習を尊び老人となった。当初猛烈に反対していたが、途中から賛成もせず反対もせず中間的態度をもって牧師である息子と接してくれていた。私の不徳と致すところだと今は痛感しているが、西洋のキリスト教にどっぷり浸かった私の信仰に納得しないまま三十年の月日が過ぎ八十となった。しかし、聖書が言うところの選民イスラエル民族の風習習慣である文化を学び、私自身が日本文化全体が神のみこころに反しないと語り始め、母の心と宗教心を受け理解した途端、罪を赦すイエスの福音を信じてしまったのである。赤子の手をひねるように母の心は素直になった。私たち夫婦の意識が、日本の文化を包み込む寛容さを持った直後であった。十数年後「アーメン」と言って天国に上って行った。九十四歳であった。同じころ義父も義母もイエスを信じた。二人とも九十六歳と九十五歳の長寿を全うした。それはユダヤ人がユダヤ人を得るためにユダヤ人のようになったように、私たち夫婦が日本人を得るために日本人のようになったというだけのことである。

アメリカの文化やヨーロッパの文化は天国で通用して、日本のそれは異教徒の文化であり中国のそれもみんなダメだと判断するのは果たして正しいのだろうか。私たち夫婦の八十歳近くになる老父母に訪れた信仰心は確かに奇跡ではあったが、何かが起こったのはむしろ私たち夫婦の伝道者の側の奇跡だったのかもしれない。

2. ユダヤの文化とキリスト教

ユダヤの文化はどうなのであろうか。もちろんイスラエルは聖書の国だから、聖書に書かれている生活様式から培われているので、キリスト教信者は受け入れると考えるのは当然かもしれない。しかしそうとはならなかった理由はいくつかあるだろう。過越の祭り、仮庵《かりいお》の祭り、契約時の手を叩く風習、正月に種なしパン（マッツォ）を食べる風習、塩は清めのシンボルとして用いる習俗、お辞儀をする礼儀、女の人は髪の毛を長くする等々。これらは文化そのものであるが、モーセの戒律にしてもそれらに準じる精神性と生活上の道徳的観念をイエスは次のように言われた。「律法学者、パリサイ人たちは、モーセの座を占めています。ですから、彼らがあなたがたに言うことはみな、行ない、守りなさい。けれども、彼らの行ないをまねてはいけません。彼らは言うことは言うが、実行しないからです」（マタイ23：2、3）

ユダヤ人は旧約聖書を歪曲《わいきょく》し、人の教えを追加してしまった。致命的であることは行いが伴わない偽善に走った。イエスというユダヤ人をキリストだと信じない人の教えが重要視される文化というものができ上がってしまった。一九六二年にイスラエルでイエスを信じていたユダヤ人は五十人ぐらいだった。現在二〇二三年は全世界の一五〇〇万人のユダヤ人の中で、キリストを信仰する人々（ビリーバー）は三十五万人といわれている。そのうちアメリカ合衆国において十七万五千人から二十五万人程度、イスラエルでは一から二万人程度と見られている。

彼らの歴史、すなわちユダヤ暦をユダヤのラビたちは七千年で終わると考えている。神は創造に六日間、七日目には休まれた。一日が千年という原則に従って六千年の人類の歴史の後、千年のメシア時代が到来する。創造からトーラーが来るまで二千年、モーセの時代が二千年、そしてイエスの到来から教会時代の新約聖書信仰が二千年と続く。ユダヤ教ラビたちは、創造からトーラー時代の二千年と四千年の幕屋時代があって、安息日の時代の千年が来るとする。合わせて計七千年である。現在の公式のユダヤ暦は五七八二年である。現在二〇二三年としてエズラからアレクサンダーの時代の二百年間はユダヤの歴史が止まっていた時代と考えた。そこで二百年を足すなら五九八三年となる。

聖書のユダヤの歴史観と黙示録によるなら、確かに今は終末の時代と言える。六千年という時代の長さから考えると、十七年（６０００－５９８３）という年月云々は考慮することはない。アメリカの歴史はせいぜい三ないし四百年だ。彼らの文化はイギリスから来たものであるとしても、数百年なのだからユダヤのそれと比べると大人と子供みたいなものである。これほどの歴史と文化をもつ国が文化をないがしろにされたら西洋人が培ってきたキリスト教が真理だとしても、どうして「はいそうですか」と受け入れることができるのだろうか。同じく日本しかりである。

3. 異教徒を根絶するアングロサクソン

十九世紀から二十世紀にかけてのキリスト教はアメリカ的、あるいはイギリス的様相を呈している。少なくとも日本はそうである。創造主の恵み、義と聖と贖いでなく、アングロサクソン的風習と文化色が濃い。そのために他の文化は異教徒的と看做し根絶し、新しい文化体系にする意気込みが見受けられる。ハワイでは西洋式で成功したかもしれない。いや、してしまった。富を武器にして教えを説き、無理やりに彼らの風習すべてを奪い去る暴挙に出た。キャプテンクックはニュージーランドのマオリ族にも同じようにして占領した。戦闘的教会の北風は彼らのマントをはがしたかもしれない。しかし、ユダヤ人の宗教的伝統と歴史のマントはそんなものではびくともしなかった。世界でもう一つの長い歴史を持つ国、そう日本だ。日本人のマントをはがせると思ったのは西洋系キリスト教徒はいうに及ばず、あにはからんや日本人キリスト教徒であった。

4. 東の横綱日本と西の横綱イスラエル

日本においてキリスト教は若者の結婚式とクリスマスに顧みられる表層的で中身はない。戦後マッカーサーによる七千人と言われる宣教師大量招聘《しょうへい》をもってしても、七十八年の年月を経た現在も日本のキリスト教は発展どころか衰退の感を拭えない。

世界の中で日本人がキリスト教会になじまない東の横綱であれば西の横綱はイスラエルである。日本文化の土壌がどんなものであるかその土を掘り起こしてみよう。

文化を形作る多大な働きをする宗教、神道の風習を取り上げよう。神道は日本のアイデンティティーそのものであり、全日本国民はそれを望もうと望むまいと生まれながらにして神道信者であり氏子だ。ユダヤ人は生まれながらにユダヤ教徒である。また神道は自然を愛する。日本人に自然と共生する概念を植えつけた。

日本での一般的キリスト教信者は、唯一神教で他の宗教は偶像で穢れたもの、触れてはならぬものと看做す。あるキリスト教伝道団体は日本でキリスト教会に人が集わないのは神道があるからだとさえ断言する。日本文化の中心とも言われる神道からの呪縛を宣言しているのだから、それだけで日本での聖書の神信仰と対立関係となるのは必然といえる。この方法でハワイのように文化、伝統を崩壊させキリストの下に国民をひざまずかせることが、キリスト教を日本で根づかせると考えているのであれば、日本文化を消し去る信仰者とはいったい何様と自らを考えているのであろうか。ことばの上では「愛している」と言う人が、武士道を培った日本人に向かって「惻隠《そくいん》の情」「仁」「義理人情」という武士道を培った日本人のその心の内に入ることなど「木に竹を接《つ》ぐ」ようなものだ。ちなみに惻隠とは弱者、敗者、虐げられた者への思いやりであり、武士道の中軸そのものである。

5. 日本文化の門「トリイ」ヤキンとボアズ

「鳥居をくぐれば穢れます」などと避けて通るキリスト者がいる。鳥居の近くにいるだけでたましいに影響を受けると心底信じているわけだから、悪霊の下にあり神様からの清い祝福を受けられないと思っている。これは一種の呪縛だ。そのため神道的なものを包み込んで神道信者を聖書の教えに導くなど思いもよらないこととなる。だから非キリスト教国家となる。

鳥居はなぜ神社の前にあるのか？　鳥居はそもそも日本古来の語なのか？　なぜ鳥居をくぐってその前に敷いてある石畳の上を歩いて神殿に向かうのか。その意味を知ろうともしないでただやみくもに鳥居をくぐると穢れるなどと信じることは、玄関を左足から出ると穢れるという迷信と同じ類となる。

鳥が止まるところから「鳥居」だという人もいる。これは洒落冗談の部類。鳥はどこにでも止まる。神道の神社もトリイは二千数百年前からのもので、渡来人がもたらしたものとして定着してきた。ならばどこかの国にそれに似たものがあることを突き止めなければならない。旧約聖書にあった。

イスラエルのソロモンの神殿の前に二本の柱が立っていた。歴史家ヨセフスはソロモンの神殿の庭の入口に二十キュビト（参考①）幅の二本の柱が建てられており、それは開かれた門のようであったという。入口は朝日が昇ると太陽が射すように東向きに建てられていた。この二本の柱について第二歴代誌三章ではソロモンが神殿の建設にとりかかった時の様子を次のように記している。

「彼は、神殿の前に柱を二本作った。三十五キュビト（参考②）の高さのもので、その頂にある柱頭は五キュビトであった。……それから、彼はこれらの柱を本堂の前に、一つを右側に、もう一つを左側に立てた。右側の柱にヤキン（参考③）という名をつけ、左側の柱にボアズ（参考④）という名をつけた」（15節〜17節）

この二本の柱が日本の神殿の入り口に立っている。何を表しているのかヒントがここにある。高さ三十五キュビトは明治神宮の大鳥居に匹敵する高さである。右側のヤキンは北王朝の祖先を記念しており、左側の柱は南ユダのボアズ（ダビデ王の曽祖父の名）と名付けた。

日本の神社の鳥居も神道家はこれを一つと看做さず、個々別々のものとして祭典の場合、神官は左右の柱の根元に榊《さかき》と幣帛《へいはく》を別々に捧げる。

伊勢神宮の五十鈴（古代はイスズと濁らないでイススと発音していた）川にかかっている大橋のたもとに立つ鳥居は夏至の日、その鳥居の真上から太陽が昇る。東向きである。その川で古代から禊（川に入って身をきよめる儀式）をする。

このように日本文化の一つ、鳥居・「トリイ」を取り上げてみた。すでに入り口が見えるようだ。ダラシ（ダはタ、シはイと訛《なま》るのでタライ↓トリイ）はヘブル語で

「門」という意味である。日本文化の中のユダヤ性が日本人としていかなる意味合いをもっているのかは今後の研究課題だ。

参考①（二十キュビト）１キュビトは50センチ弱。
②（三十五キュビト）17メートル50センチ。
③④（ヤキン）「彼は設立する」（ボアズ）「力を持って」の意味。

第五章　ユダヤ人のような日本人

1. 新天地を求めた北イスラエルと南イスラエル

イエスの十字架刑が執行され、そのイエスがよみがえったとの知らせが全世界に伝えられていった。当初イエスの弟子たちはすべてユダヤ人だった。すべてが今のパレスチナ地方、西アジアにとどまっていたわけではない。トマスは東へパウロは西へ出かけた。

ＢＣ五〇〇年頃からユダ族とベニヤミン族の南イスラエルの残りの者（東ユダヤ）は、東方へ向かって移動していたが、それより約百三十年前、北イスラエルの十部族は捕虜時代を経て、アレクサンダーの配下で東漸している。ＡＤ七〇年にはユダヤ人は離散してしまった。ある者たちはヨーロッパへ、ある者たちは中国、インド、東南アジアのミャンマーなどに渡った者もいた。また東へ東へと旅をした者もいた。ある者たちは開封（参考①）まで来ていた。アジアの各地にその痕跡は現在も多くある。現地の読みではカイフォン。現在の河南省開封市。隋の煬帝《ようだい》が建設した大運河の拠点の一つであり、黄河中流域の華北と長江流域の江南地方を結ぶ交通の要地で、物資の集散地となって大いに繁栄した。

その彼らが韓国を経て渡来人として日本列島の北から南に及んでやって来たとみるのがごく最近の学びによって明らかになりつつある。（聖書と日本フォーラムの一九九三年からの本格的学びと研究を参考。そのための講演ＣＤ、ＤＶＤは二百本以上あり）

この宣教団体の働きは聖書のことばに基づいた取り組みをしている。誰かれの論説や踏襲ではない。過去に唱えられた同祖論には様々な貴重な資料もあるが、眉唾ものも巷《ちまた》に行き巡り、紛らわしいものもある。

日本の二千数百年前から今に至るまで、現存するユダヤの痕跡、旧約聖書のイスラエル文化の痕跡は聖書を学ぶ日本人にとって看過できない分野でもある。

ある時西洋人キリスト教指導者たちに「なぜ日本にイスラエルの痕跡である習慣、伝統、お祭り、神輿《みこし》、神道とユダヤ教の類似点が多くあると思うか」と問うた。すると彼らは答えた。

あなたがたの類似（日本にイスラエル痕跡が見られるという意味、同祖論的意味合いを含む）は日本人がイスラエルの真似をしたからだ（猿真似だ）と言った。しかし生活様式や祭事など、百歩譲っても〝猿真似〟導入だとの説明は成り立たない。祭りやことば、風習、習慣を他国人の真似をし、それを数千年にわたって踏襲するいわれなどない。特に宗教的信条について考えてみるならばよりはっきりする。イスラエル民族の群れが何度にもわたりあなたの住む小さな村に大挙して移住してきたとする。彼らは神知識と礼拝様式を守るためにすべての力を注いでいく。その当時の日本の地にあっては現代の政治的、社会的組織などないはるか昔のことである。呑み込まれていくのは当然、真似るなど力関係の社会では通用しない。真似ではなくむしろ征服である。同化である。

たとえばニュージーランドの原住民マオリ族を例とする。イギリスは一八四〇年、マオリ人代表者とワイタンギ条約を締結してニュージーランドをイギリス主権下へ置いた。土地を巡る入植者とマオリ人との紛争が絶えず、一八四五年にはマオリ戦争が勃発している。一八七二年に戦争が終結した後はイギリス主導による大規模なインフラの整備が進められた。このようにしてイギリス系文化現象が現在花開いている。

はるか古代、日本列島の島々の数ヶ所に住む人々のところに、北イスラエルと南イスラエル群が自分たちの「掟」を守る新天地を求めて辿り着いた。そして彼らの足跡が日本建国時から踏み込まれてきたのである。真似るなどまったく真逆発想、いい加減な推量である。国家として形造られる以前の東の果ての地、日本はまだ存在していなかった。アメリカにイギリス人が到着した時そこにはインディアンが住んでいた。アメリカ国家はまだ存在していなかった。同じように日本に古代イスラエル民族がやって来た時には、日本国家はまだなかったのである。

習慣、伝統も変わることがある。善意であっても悪意であっても政治的、政略的にその時のナショナリズムの火種によって一国一民族が消滅した例には事欠かない。日本のルーツからイスラエル痕跡を残す手立てに神の摂理と予定をなくして日本存在は考えられない。

たとえば幕末から明治にかけて日本人の歩き方が変わった。着物社会に合ったナンバ歩きから洋服社会の導入によって西洋式歩き方に変わった。明治以降徴兵された鎮台兵のナンバの歩行様式が、整列行進や戦闘に向かなかったため、訓練や学校教育のなかで西洋式の動作に変えられていった。習慣も確かに変わる。しかし今ここで取り上げているのは民族移動現象である。明治以降、歩き方が変わる以前の日本人の姿を問題にしているわけであるから、その民族がもっていた習慣が着物であり帯であったことに焦点に当てなければならない。西洋式に変わった現在ではなく、国が始まった時からの風習、習慣であった明治以前の本来の姿がルーツの目安になる。ちなみに着物から洋服に移行したのは明治政府が官吏に洋服を着せたのが発端であった。維新の一八六八年の翌年明治天皇の洋服がつくられた。攘夷の旗印で維新を成功させたにもかかわらず、西洋式に日本を維新させなければならないとした政治的思惑による。

この二十世紀末あたりからの数十年に及ぶ民族の自立、尊厳が叫ばれ原住民の復興運動が著しい。イエスの弟子が質問した。

「あなたの来られる時や世の終わりにはどんな前兆があるのでしょう」

イエスは答えられた。

「人に惑わされないように気をつけなさい」

続けてその時代の兆候として、
「民族は民族に国は国に敵対して立ち上がる」

これは民族のアイデンティティー（独自性）と自立心からくる衝突である。国と国との衝突以前に民族の自立が先行する。その色合いが鮮明になる。それは日本においては今まで隠されていた日本独自のものの復興の現れである。長い間、日本は中国文化を国意識の中に埋め込まれてきた。しかし今や、聖徳太子の業績を含めてそれ以前の潜在意識がマグマ噴出のように地表に現れ始めている。天皇の代替わりに新年号となるが、悠久の歴史上初めて「令和」が日本独自の万葉集を出典とした。日本の新しい自意識の発露であった。

日本人の日本人としての目覚めは、日本人をして自立に向かわせるであろう。民族と民族との衝突、敵対するという預言は、日本が激震する前の沈黙の時、大東亜戦争後七十七年の時の前触れかもしれない。政治的、社会的、精神的な自立をうながす天からの静かな声が聞こえるようだ。

日本には国意識という観点からすれば、二千数百年の歴史がある。日本古来の宗教である神道、また仏教伝来からその教えを大成した僧たちの唱えた宗教的理念の深さ高さとその意義、日本のアイデンティティーそのものである天皇家の存在と皇統の神秘は、世界各国の中でその追従を許す国はない。その起源に思いを馳せる時、イスラエル文化が日本の地に根づき、旧約聖書のイスラエル「歴代誌」最終章を飾っているのではないか、と思わせられるくらいである。

西洋から入ってきたキリスト教がこの二〇二二年にあっても、そのまま受け継がれている。大東亜戦争後、およそ八十年経過しているが、日本人の日本人への意識一般といえば日本軽視、日本イコール悪、日本は愚かな戦争をしたとする自虐史観、宗教といえば偶像崇拝の色濃き民である。これは敗戦の後遺症でもある。今や自分をゆっくり見つめ直し、日本人は本来いかなるものを内に秘めているかを知る時ではないかと模索する人たちが増えている。キリスト教世界にどっぷり浸かっている信者の多くだけが、いまだに西洋一辺倒であるのは皮肉と言っていい。

聖書は個々のいのちの価値が全世界よりも貴いという。永遠のいのちの希望をイエスの復活という事実をもって現実のものとするように迫る。と同時に国の救いを重要視している。イスラエル民族全体の復興と救いを通して、各国の文化と栄光を天の御国までもたらすと約束している。国の覚醒が一個人の霊的基盤に与える力は大きい。そのために国の指導者の両腕をクリスチャンは祈りで支えるのである。

イスラエル全家が離散し世界中至るところに散らばっているが、聖書のことばを神のことばと受け取れば、イスラエルがみな救われる預言をここで確認しなければならない。

参考①　(開封) かいほう、と読む。現地の読みではカイフォン。現在の地名は河南省開封市。隋の煬帝《ようだい》が建設した大運河の拠点の一つであり、黄河中流域の華北と長江流域の江南地方を結ぶ交通の要地で、物資の集散地となって大いに繁栄した。

2. イエスの意図とザアカイの魂の救い

新約聖書ルカの福音書にザアカイという取税人の話がある。ザアカイはローマの手下になって同国人から税を取りたて敵国に渡していた取税人のかしらであった。もちろんユダヤ人たちは彼を蔑《さげす》んだ。その彼は群衆にまぎれこんで一目イエスを見ようと木に登った。背が低かったのである。イエスはザアカイを見上げ、「この人もアブラハムの子なのですから、人の子は失われた人を捜して救うために来たのです」と言われた。

日本はザアカイによく似ている。民主主義国家ではあるが、アジア諸国と欧米諸国の日本へのまなざしは少々の違いはあっても高いとは言えない。特に「大東亜戦争」だったと自らが主張したとしても、世界の見解は第二次世界大戦での敗戦国である。敗戦後の勝利国家からの一方的戦後処理政策に屈折した自虐史観からも抜け出せないでいる。身体的特徴は言い得て妙であるが自らを評価するのは低い。ザアカイの銭感覚は鋭かったように経済という実を結ぶ木に登った。その木に咲く花とは西洋諸国の豊かさであり、精神的基盤でもあるキリスト教文明という代物であった。それでもとにかく全能の神を見ようと思った。祝福はそこからくると思った。しかしながら、日本が抱く昔からの伝統を守ろうとする精神性は頑固に守り抜こうとした。

日本の風習、習慣の特異性はほとんどどの国にも見られない美しさがある。神道の儀式は清楚《せいそ》である。また毅然とした重圧感がある。自然を愛して共生する姿勢は群を抜く。仏教と思われているその思想、教理と儀式の多くはユダヤ起源の様相を呈し、阿弥陀信仰の他力本願、大乗仏教としての質はキリスト教そのもののようでもある。日本の旧約と呼んでいい。

ザアカイに投げかけられたイエスのことば、「きょう、救いがこの家に来ました」を失われた十部族へのことばとして日本が受け留めるには、日本が登った木が大木過ぎたのであろうか。

次のことばは今の日本人へのことばである。

「ザアカイ。急いで降りて来なさい」

神道の伊勢神宮での大祓《おおはら》い、東大寺二月堂のお水取りの行事（参考①）などは、罪の穢れを水に流し、恨みつらみを赦し忘れるという意味である。それはイエスの教えから来ているとしか言いようがない。

法然、親鸞、日蓮を見ればその生き方、方法論と教えはほとんどキリストのことばのまる写しである。大乗仏教の仏の慈悲の本願は、罪人《つみびと》を救う神の愛と通じる。悪人に及ぶ救いの手がある思想は人の知恵を超えている。本来の仏教の思想にはそうした教えはない。伝統の息は長く、道を極める日本人の気概は美学にまで達している。商売上のことであってもキッコーマンの醤油《しょうゆ》会社はそのバイオの技術を生かして蛍の光を放つ物質の抽出に成功した。漆塗りの伝統を受け継いだ人は、その光沢と深みを出しながら熱に強い新素材を作り出した。漆で塗装した自動車さえ作ってしまった。

日本国民全体に行き渡っている人と人の間にある風習、生活様式は武士道という高い木にまで育った。新渡戸稲造は『武士道』でその内実を明らかにした。その中の「礼」を取り上げてみよう。

日陰のない炎天下にあなたがいる。顔見知りの日本人が通りかかる。あなたは彼に声をかける。すると彼は即座に帽子を取る。ここまではまったく自然である。しかし「非常におかしいこと」というのは彼はあなたと話している間中、日傘を下ろしてあなたと同じように炎天下に立っていることである。新渡戸はこう説明する。私はあなたと同じ境遇にいて同じご不快を分かち合うのですという相対している人の苦楽を気遣う深い考えの体現化なのだと。

礼の慣習化が次のことにも現れているという。

アメリカでは贈り物をする時、贈る側は受け取る人に向かってその品物を褒めそやす。しかし日本では「つまらないものですが」とその品物の値打ちを軽く言ったり悪く言い立てたりさえする。新渡戸は日本人の論理をこう説明する。あなたは立派な方です。どんな贈り物も立派なあなたにはふさわしくありません。私があなたの足元に置く品物は私からの感謝のしるしとしてしかお受け取りにならないでしょう。どうぞこの品をそのものの価値ではなく、私の心からのしるしとしてお受け取りください。最上の品物もあなたにはふさわしい、といえばそれはあなたの品格を傷つける侮辱となるでしょう。

この贈り物をする「気持」を佐藤全弘《まさひろ》氏（参考②）は「精神」と訳している。新渡戸はこれを英文でSPIRIT《スピリット》と書いている。武士道の中にある日本人の精神性と徳の高潔さと気概の純真さは、現代の私たちには化石のように埋もれてしまって見えないかもしれない。とは言っても阪神淡路大震災、東日本大震災直後にスーパーマーケットを襲う暴漢はいなかった。キリスト教国と自称しているアメリカでハリケーンが上陸したニューオリンズで人々が避難した後、子供までスーパーマーケットを襲い、略奪に加わったなど、日本人にとって常識外のことなのである。日本人の品性、常識的行為については、もうこれくらいにして次に進みたい。

宗教、伝統、習慣、風俗に関して述べるならあまりにも多岐にわたる。その量は紙面を埋め尽くすであろう。だから本論に戻ることにする。

アブラハムそしてその子たちがもっていた高貴な精神性から遠く離れて、この世の欲望に走っていたザアカイが木から降りたように、イエスを自宅に迎え入れようと日本は高い木から間もなく降りて来るだろう。日本人はザアカイのように、その名前のごとく清くあろうとするだろう。ザアカイはアブラハムの子であった。（ザアカイのヘブル語は清いという意味）

ユダ族とベニヤミン族（南イスラエル）は、バプテスマのヨハネの預言者の到来に見られるように、その時イスラエルの救いを待ち望んでいた。と同時に旧約の完成がイエスによってなされたと信じる人たちが多くいたのである。ペテロ、ヨハネ、ナタナエルそしてベニヤミン族の出身パウロ等々。ここにザアカイの救いがあたかも全イスラエルの救いとだぶらせてしまう感覚に陥るのであるが、まことに不思議なことばがザアカイに投げかけられたのである。木から降りて来たザアカイにイエスは言った。「きょう、救いがこの家に来ました。この人もアブラハムの子なのですから、人の子は失われた人を捜して救うために来たのです」

新約聖書の手紙のほとんどを記したパウロは次のように証言した。
「私はイスラエルの望みのためにこの鎖につながれているのです」ザアカイ個人に対する魂の救いが全イスラエル民族の望みにまで至ることをイエスは意図していた。

参考①（お水取りの行事）伊勢神宮の大祓いは、6月30日と12月31日にお祓い後、五十鈴川に罪と汚れを流す。東大寺の二月堂のお水取りは、仏の前で罪過を懺悔《ざんげ》すること（悔過《けか》）。

②（佐藤全弘氏）宗教学者、大阪市立大学名誉教授。

3. 聖書はイスラエル民族の歴史書

「ふたりは、『主イエスを信じなさい。そうすれば、あなたもあなたの家族も救われます』と言った」

このことばは使徒の働き十六章にある。パウロとシラスが福音を語ったために捕らえられ牢に入れられた時、地震が起こって獄舎の扉が開いてしまった。囚人たちが逃げてしまったと思った看守は剣で自殺しようとした。自分の務めに忠実な看守の責任感の強さに驚かされる。さらに驚かされることは、牢にいたパウロたちは扉が開いても逃げず叫んだことである。

「自害してはいけない。私たちはみなここにいる」看守のとった態度がまた驚きである。こんな看守に巡り合うことなどまずない。多分クリスチャンが〝牢獄〟の苦しみに遭っている時に賛美していないからだろう。苦しい患難《かんなん》から解放されようともがくだけが関の山だからかもしれない。その時看守は、

「先生がた、救われるためには、何をしなければなりませんか」

と問うた。

そこでパウロとシラスが言ったことばに注目したい。

「主イエスを信じなさい。そうすれば、あなたもあなたの家族も救われます」

ザアカイへのイエスのことばには「家」の救い以上のものがある。

私たちが考えている「家」の救いは家族全員と考えるが、「イスラエルの家」という意味もある。ザアカイのところに来たイエスは救いの宣言をザアカイにのみ向けたのではなく、彼の「家」に向かって宣言した。アブラハムの子であるとあえて言っていることによっても救いがイスラエル民族に来たことがわかる。その「イスラエル全家十二部族」は二十一世紀の今、どこにいるのだろうか。

聖書は道徳書でも宗教書でもない。そのような範疇《はんちゅう》のものではない。民族の変遷

史である。それもイスラエル民族の歴史である。イスラエル民族へ約束をされた神は、天と地を創造し、人を創造されたお方なのである。イスラエルを選び、人の罪を贖うための計画が示されている。だからこそ世界の歴史の中でこれほど親しまれている書物もなくまた反対されている書物もない。世界に共通する神の人類への計画書でもあるからである。イスラエルと日本との関わりに日本人自身も自らの立ち位置を確認しなければならない。世の終末時に神の経綸《けいりん》（国家を治めととのえること）が世界に働く動きを知る必要がある。

4. エゼキエルの預言とよみがえりの希望

ある人たちは言う。もうすでに十部族は今のイスラエルに含まれているのだ、と。そうならばなぜ現イスラエル国家のユダヤ人たち、たとえば失われた十部族の帰還運動家たち、「アミシャーブ」と言われている団体のみならず他の組織が今もなお世界に目を配り、出かけ、探し「失われた十部族」を求めているのだろうか。いまだに地の果てにまで追いやられた者たちが今のイスラエルに帰還していないからである。今のイスラエル国家が全イスラエル十二部族だとするならば、ベングリオンが「ユダヤ共和国」と名付けようとしたのに、帰還し国家を再建した指導者たちは十部族も戻ってくる希望を抱いて、あえて「イスラエル共和国」と名付けたという経緯が説明できない。

旧約聖書エゼキエル三十七章の預言は全世界の希望である。十六、十七節。「人の子よ。一本の杖を取りその上に『ユダと、それにつくイスラエル人（children of Israel）のために』と書きしるせ。もう一本の杖を取りその上に、『エフライムの杖、ヨセフと、それにつくイスラエルの全家（all the house of Israel）のために』と書きしるせ。……あなたの手の中で、一つとせよ」

この箇所からもわかるように、イスラエルは教会を指していると考えるだけでは真意を捉えきれない。

歌謡曲に「骨まで愛して」という曲があった。骨の上に皮膚があるという前提に立っている歌詞である。骨に抱きつく人はいない。肉がつき皮膚におおわれていてこそ、触れ合い愛情を確かめ合える。生きていてこそ骨は血液を作る器官として用を足す。血液にいのちがあると聖書は主張しているが、骨と血液はその意味で一体と言える。

エゼキエル三十七章の預言は、死者がよみがえる希望である。イスラエルは枯れた骨のまま谷間に散らばっている。が、やがて肉がつき皮膚がその上をおおい立ち上がり群衆となるという。二つの国に分裂したが神の手によって一つになる。世界の果てに散ったイスラエルが集められて世界に貢献する日が来るという。

多くの人骨が谷間に投げ捨てられている。骨はかつて美しい人々の姿をしていたが、それらに今や誰も見向きもしない。まして谷間に横たわっている。その骨の一つ一つが合わされて完全な人の姿となる日がくる預言である。神話、絵空物語なのか、いや、そうではない。復活なのであって人類の希望である。たましいの叫びでもある。全世界の谷間のようなところから神の霊の息吹によって生き返るイスラエル民族の預言を信じるのはユダヤ人とクリスチャンである。ユダヤ人は旧約のエゼキエルを信じ、クリスチャンはイエスの復活によって死からのよみがえりを信じている。

その中に、イスラエルとはキリスト教会である、という説を唱える人たちがいる。置換神学である。イスラエルを教会に置き換えるのである。パウロはローマ人への手紙十一章でイスラエルの救いを希求しているのであるが、それは「国家」としてのイスラエルのことである。イスラエルが教会ならば彼が引用している同じ章の中で言及しているベニヤミンはどのような象徴的意味があるのであろうか。自らがベニヤミン族の出身だと言ったパウロは異邦人に伝道したのだから、ベニヤミンには異邦人教会という意味があるなどはコジツケを通り越して滑稽《こっけい》、意味不明である。

全世界に散っている十部族のある者たちが日本にいるとするならば、イスラエルにあった文化の痕跡の数々が日本人の私たちのDNAに刻み込まれているはずである。血が騒ぐということばがあるが、血は水より濃い。血ほど濃いものはないと聖書も言う。聖書は血にいのちが宿ると言う。血は争えないという肉親の絆と愛は神の愛に勝るものではないが、両者にある愛は共通項を有する。世の終わりの兆候として家族の絆が薄れていく、愛が冷えることに戦慄《せんりつ》を覚えるが、民族間に表れる仲間意識の熱さとはまるで反比例のようになっていくのは皮肉なDNAがもつ力かもしれない（なお、DNAに関しては十三章で述べることにする）。

聖書に記されているイスラエル民族と日本との数多くの類似が単なる模倣なのか、または他に理由があるものなのかは、今後の日本人の霊的覚醒（たましい的覚醒）に関連がある。

5．日本人の群集心理行動と群を抜く清潔さ

日本人は正月の三が日に、八千万人以上の人が神社仏閣に詣でる。

この民族集団行動には意味がある。人々を突き動かすものは旧約聖書のもつ民族のしるしである。神社仏閣に向かわしめるものは何か。明確に言い当てる人はいない。理屈で合理的に説明するにはあまりにも深淵であり、神秘的でさえある。この民族行動を冷ややかに見つめる一群が日本にいる。「クリスチャン」と言われる人種である。

歌を忘れたカナリアではあるまいが、日本を忘れたクリスチャンという一風変わった人たちがいる。日本人でありながら日本人のように行動せず、西洋の文化を理論的に説明することができないにもかかわらず、日本人でないことを誇りさえする。それでいて日本文化の恩恵に浴している。彼らは自分の信仰の立場を貫くために正月の行動に歯止めをかける。神社にも寺にも行かない。鳥居もくぐらない。この人たちは日本と日本人のアイデンティティーである二つの伝統、すなわち天皇に関する皇統の存

在、その大元である神道を無視するかあるいは反感さえ抱く。それでいてこの者たちは、日本そのものを否定するような言動をする政治的観念とは確実に違う温かさは抱いている。この実に不思議な人たちは日本人ではないような日本人である。天皇と神道の二つから派生している文化からは食《は》み出すことができない見えない細い糸に絡まれているように見える。

日本文化の一つ一つを具体的に思いつくままに羅列してみよう。祇園《ぎおん》祭をはじめ京都五山送り火、青森ねぶた祭、埼玉の秩父夜祭、岐阜の高山祭等々は日本人共生意識を体感させる。岸和田だんじり祭、博多祇園山笠は大興奮させる。神輿を担いで粛々と歩き、時には踊る。女性の穢れ、死者への畏敬、相撲と塩の清め、挨拶の仕方、先祖崇拝、正月の風習であるお餅を食べるしきたり、履物を脱いで家に入る風習、着物と帯など挙げればキリがない。これらすべて日本的なもの、日本のアイデンティティーであるものばかりである。その根源である天孫降臨は神話として扱われている。それの中に日本人のルーツである幹からの樹液を吸った文化の花が咲いている。私たちはどこから来たのだろうか。それらの伝統、風習、習慣、宗教と言われているものの中に公正と憐れみと、義と慈愛がなければすべて絵に描いた餅である。谷間に横たわっている骨だらけの光景はあまりにもみじめな屍軍団でしかない。それを生き返らせるために日本文化を捨てるのではなく、桜咲く春のいのちを吹き込もうとする一群の「クリスチャン」と呼ばれる者たちがいる。日本のキリスト者の中に民族独立の息吹を吹き込む一群が不死鳥のごとく飛び立つのである。

日本人は集団で行動する民族である。規則を重視する民族である。確かにそれらはある程度、世界に共通したものなのかもしれない。秩序のない国など存在しないが、日本のそれは度が過ぎて一種の美学の域を思わせる。このことのルーツは民数記十章にある。イスラエルが荒野を旅する上で民の団結に由来する。この書の第十四章「日本の神々」のところで後述する。

外見、外観、外側を気にする国民は日本がずば抜けている。良い悪いの問題ではなく事実を述べているのだが、一つの例を挙げてみよう。

清潔は群を抜いている。毎日風呂に入る。その当たり前が世界では通じない。頭のてっぺんから足の指先まで石鹸で清めの儀式のように洗う。朝シャンまでして夜また風呂に入る人までいる。戦後の貧しい時でさえ、私の母は風呂賃をくれて友たちと一緒に銭湯に行かせてくれたものだ。銭湯はいつも満員だった。からだを清潔にすることなら湯の中に入るのもシャワーを浴びるのも同じだ。外側をきれいにするというその入浴習慣には、一つのオプションがついている。洗ってから湯に浸かる。洗うだけなら湯船に入る必要がない。湯船に浸かってタオルを頭にのせて歌うのがたまらない人種である。医学的にも証明済みのこのしきたりは日本人の寿命を延ばす血のめぐりに一役買っていると言われているくらいだ。

預言者イザヤは二十八章でエフライムのことを次のように言っている。まるで日本人を見て云い得て妙である。

「ああ。エフライムの酔いどれの誇りとする冠、その美しい飾りのしぼんでゆく花。これは、酔いつぶれた者たちの肥えた谷の頂にある」（イザヤ28：1）。

「主は彼らに告げられる。戒めに戒め、戒めに戒め、規則に規則、規則に規則、ここに少し、あそこに少し」（イザヤ28：13）。

自分の家の前は毎日掃き清める。狭い路地裏こそゴミ一つ落ちていない。外国の裏通りを歩いてみるがいい。その違いは一目瞭然。日本では家の中は散らかっていても外側は案外きれいにすると言えば言い過ぎか。デパート、商店での買い物をすると見事に包むその手さばき、その包装は芸術品級といえる。食事の盛り付けはその料理の中身を忘れさせるほど美しい。食事は見て食べるという。その手にもつ箸がふさわしい。ナイフで切ってフォークを突き刺して口に入れるなど野蛮人に見える。

衣に関するなら、着物の右に出るものはない。どんな身の丈にも合わせられるように工夫を凝らした上に、その帯の位置や襟元の柔軟性は類を見ない美しさをもつ。

神は言われた。外側の重視がイスラエルを滅ぼしたと。ユダヤの国も戒め、規則ずくめ、外側は白く塗った墓、中身は腐っているという偶像崇拝によって滅ぼされたのである。目に見えない神よりも目に見える偶像を拝んだ。日本のユダヤ性、日本の中のイスラエル的色彩は、隠しようもない。精神的に物質的に日本に埋もれているイスラエルとの類似は、聖書時代の民族ルーツにまで遡り、現在この日本に表れている。

だが聖書は復活という希望を宣言した。イスラエルは回復する。

「主は情け深く、あわれみ深く、怒るのにおそく、恵みに富んでおられます」（詩篇145：8）。

ゆえに日本に救いの希望がある。

第六章　地の果てに追いやられたイスラエル

1. 滅びそして復活

最初の人アダムに神は一つの警告をされた。その最初の人の妻が警告を守らなかった。妻の後に従い夫も守らなかった。それ以後人類は不幸な歴史線上に乗っかった。善悪の知識の木からは取って食べてはならない。それを取って食べるその時、あなたは必ず死ぬ（創世記2：17）。警告を守らなければ死ぬ、がそれであった。この原則は、アダムにだけではなく、私たち一人一人の個人にも当てはまる。この死は事実でありまさに人類の恐怖である。アダムの最初の失敗から時を経て、神が選ばれたイスラエル民族はＢＣ一五二〇年頃のモーセの時の警告、ＢＣ九七〇年頃のソロモンが主の宮と王宮を成した時の警告時にも耳を傾けなかった。

他の神々の神殿と比較できないほどの立派な神殿建立だった。「わたしが彼らに与えた地の面から、イスラエルを断ち、わたしがわたしの名のために聖別した宮を、わたしの前から投げ捨てよう。こうして、イスラエルはすべての国々の民の間で、物笑いとなり、なぶりものとなろう。この宮も廃墟となり、そのそばを通り過ぎる者はみな、驚いて、ささやき、『なぜ、主はこの地とこの宮とに、このような仕打ちをされたのだろう』と言うであろう。すると人々は、『あの人たちは、エジプトの地から自分たちの先祖を連れ出した彼らの神、主を捨てて、ほかの神々にたより、これを拝み、これに仕えた。そのために、主はこのすべてのわざわいをこの人たちに下されたのだ』と言うようになる」（第一列王記９：７〜９）と。

これらの警告は功を奏さなかった。

ソロモンの死後、王国は北と南に分裂し、北イスラエルはＢＣ七二二年首都サマリアがアッシリアに滅ぼされた。次に南イスラエルがＢＣ五八六年、神殿がバビロンのネブカドネザルによって焼かれエルサレムは陥落した。

しかし後ほど、南イスラエルのユダ族の神を信じる一部の人々によって神殿は再建されたものの、再びAD七〇年イエスの預言どおり、最終的に神殿はローマ軍に焼き尽くされエルサレムにいたユダヤ人は国を追われ離散した。

これもモーセの警告に耳を傾けなかった報いである。この因果関係は時代を超えて実現する。聖書は次のように記す。

「こうなったのは、イスラエルの人々が、彼らをエジプトの地から連れ上り、エジプトの王パロの支配下から解放した彼らの神、主に対して罪を犯し、ほかの神々を恐れ、主がイスラエルの人々の前から追い払われた異邦人の風習、イスラエルの王たちが取り入れた風習に従って歩んだからである」（第二列王記17：7、8）

その九節以降にも具体的に偶像崇拝の罪を列挙し、占い、まじないをしたことが書かれている。すなわち滅びの原因は神を神とせず、ほかの神々に仕えたせいだった。イスラエルは滅びた。人々は離散し、国は国としての機能を発揮する国土を失った。全世界に散った北イスラエルの人々、そして南イスラエルの人々は消去されたのかというとそうではなかった。「国破れて山河あり」と杜甫《とほ》は言ったが、彼らには何が残ったのであろう。イスラエルには復活という神様の約束が残っていた。聖書によると世の終わりの時には復活すると預言されている。どこでどんなふうに？

2. 地の果ての国でのイスラエル大使

ユダヤ人はシルクロードを敷いた。その終着点は日本である。その地の果ての国の伊勢で「聖書と日本フォーラム」という宣教団体は第十二回大会をイスラエル大使エリ・コーヘン氏を招いて開催した。大会直前二〇〇五年十月九日の日曜日の午後、私は彼とともに伊勢神宮内宮を訪れた。

日本に遣わされたイスラエルの代表が日本の心というべきところに足を踏み入れたその場に私は同席した。内宮に祀られている天照大神は、天御中主神《アメノミナカヌシノカミ》から六代目である。大使が五十鈴川駅に到着後から、内宮の玉砂利の上を歩く間も十名ほどのＳＰ警官に囲まれた。あたかも御使いに守られているかのごとく御垣内《みかきうち》の中重《なかのえ》（参考①）まで進んだ。もちろん大会での講演中もその〝御使い〟は常に私たちの周りを囲んでいた。

エリ・コーヘン大使はモーセの兄アロンの末裔《まつえい》、祭司でもある。ユダヤのシナゴーグで人々を祝福する務めを持つ祭司資格者である。三千五百年の歴史を持つ祭司が二千年の日本の歴史を持つ神宮に足を踏み入れたのだ。イスラエルと日本の歴史上で初めての瞬間ではなかったか。私はアブラハムの神、イサクの神、ヤコブの神をアバ父（親しみを込めて呼ぶ）と呼んだイエスを信じている者として、コーヘン大使に次のように伝えた。拝殿の中に入る直前、

「私はクリスチャンです。日本の神としてのアマテラスを拝むことはできません。礼拝所に招き入れられるのですが、身をかがめて二度礼拝し、二度柏手を打つことはしません。唯一の神を礼拝する私たちは同じです。私たちは先祖を尊び敬意を示すお辞儀はしますが大使もそうしてくださるでしょう」

大使は深くうなずかれた。

正殿中重に入る直前、正装した神官が尋ねた。

「お祓いしますか？」

「いいえ、控えさせてください。私はイエスを神と信じるものです。コーヘン大使もユダヤ人で同じ神を信じています。敬意を表す一礼はさせていただきます」

神官は私たちにていねいにうなずかれ言われた。

「一礼お願いします」

三千五百年の間ユダヤ人を祝福してきたコーヘン家の血を引く彼は今、日本への大

使として日本の心の故郷で一礼された。イスラエル大使であり旧約聖書のレビ族の子孫コーヘン祭司の礼儀正しい一礼と共に私も頭を垂れた。

参考①　（御垣内《みかきうち》の中重《なかのえ》）内宮・外宮《げくう》の御正宮の垣根の奥に入って参拝すること、通称特別参拝を意味するが、私たちはそのとき天皇・皇后両陛下が参拝されるところの一つ手前の内玉垣南御門《うちたまがきみなみごもん》外のところに導びかれた。

3．ミレニアム（千年王国）全世界の平和

西行法師は今から八百年前、伊勢神宮に参詣した折に、

「なにごとのおわしますかは知らねども　かたじけなさに涙こぼるる」

二十世紀の作家吉川英治は、

「ここは心のふるさとか　そぞろまいれば旅心　うたた童にかえるかな」

と詠った。

この二つの歌は日本人の心を見事にとらえている。イスラエルから見ると日本は地

の果てである。イスラエル人が全世界に散らされて二千七百年あまり、その一部、エルサレムにいたユダヤ人が離散し二千年がたった。一九四九年に生まれられたエリ・コーヘンという神官（祭司）が伊勢の内宮正殿の白い敷石に立った。彼の心の内は計り知れないが、彼はそこに同じ神を思ったのではなかったか。

コーヘン大使は言われた。

エリ・コーヘン大使との交流

「日本の八百万《やおよろず》の神はどこにでもおられるという意味なのだから、ユダヤの神もおひとりであるが、どこにでもおられるから結局同じである」と。

私たちの礼は礼拝ではない。お辞儀は日本の貴い作法であり文化である。それは美しい日本人の心である。この礼儀をわきまえない者は日本人ではない。新約聖書のヤコブ書に「上からの知恵は、第一に純真であり、平和を愛し、思いやりがあり、礼儀正しい」（詳訳聖書）とある。その態度は聖書によって裏付けられている。

イスラエル大使コーヘン氏が、伊勢に来られることを告げに、神宮の庁舎を訪れ、総務担当の権禰宜《ごんねぎ》A氏に尋ねた。

「伊勢の神宮には偶像はありませんね」

彼は少し驚かれた様子であったが、はっきりと、

「はい、ありません」

神楽殿での休憩時、コーヘン大使と私たちキリスト者、神宮司廳奉賽神宮参事阿田氏との会談は神道、ユダヤ教そしてキリスト教の心の交流そのものとなった。


イスラエルと呼ばれているユダヤ人国家（イスラエル共和国）と全世界に散っている北イスラエルの十部族は、聖書によると終わりの時にその心は神に帰り、国家（イスラエル全家）としても復興すると約束されている。それは全世界の平和につながる。神の定められたミレニアム（千年王国）への希望である。モーセは、回復を預言した（申命記二十八章）。ソロモンも警告の中から回復の希望を述べている（第二歴代誌七章十四節）。パウロも同じくイスラエルの回復を預言した（ローマ十一章）。

4．神隠しに遭ったロストテントライブス

さて今一度話を古代に戻し現在までの動向を整理してみたい。北イスラエルはその後どうなったのであろうか。神隠しに遭《あ》ったように彼らは歴史上から消えた。これを世界の人々は「ロストテントライブス（Lost ten Tribes　失われた十部族）」と言う。南イスラエルはと言えばＡＤ七〇年、ローマ軍によって滅ぼされ離散させられたユダヤ人は二手に分かれた。一つの群れ東ユダヤ（58ページ参照）は東に向かった。東ユダヤはインドから中国を経て東に向かった。ユダヤ人特有の東方憧憬であった。その東漸はイザヤの預言にもある。日の昇る方向への旅は、学校で教えてもらえない隠された歴史であるが、ただ失われた民族の一つの群れが国家を失ったことだけは確かである。

他の一つ西に向かった群れは、千九百年を経て一九四八年イスラエル建国に至る。その建国に至るまでの民族としての苦難は、旧約聖書、新約聖書に預言され、成就したと一言で片づけていいものかどうか、イスラエル民族の人々にとっては複雑なとこ

ろであろう。事実、現イスラエル国家という二十世紀最大の奇跡であるユダヤ人国家の復興は神様のあわれみであることはご本人たちがよくご存知であろう。

イエスの復活後、南イスラエルのあるユダヤ人は、あまり遠くに行っていなかったようだ。ヤコブの手紙の冒頭「神と主イエス・キリストのしもべヤコブが国外に散っている十二部族へあいさつを送ります」とある。北イスラエルの十部族の人々もその近くにいたのだろうか。考えられることは十部族を含めて全十二部族の回復を希求している。

また新約時代に入り、ローマ帝国に占領されていた時代、イエスの復活の福音を携えて東に向かった人たちなどは、地の果てにまで福音を伝えなさいというイエスが与えた使命を果たさないで、日本にやってくるのにスペインの宣教師ザビエルまで千五百年間手をこまねいていたのだろうか。それは有り得ない。

原木から切られた切り株は接ぎ木された幹にはつながらない。切り株が花咲くために原木を捜してそこに結び合わされなければならない。ユダヤの祭司コーヘン氏は、失われた切り株に向かって、伊勢の神宮の玉砂利を踏みながら、一礼をしたのであろうか。私は旧約聖書、新約聖書の両方を信じて歩んできた者として日本各地で見られる古代イスラエルの痕跡を見るにつけ、日本そのものが原木から切り離された切り株であり、原木につながれる約束である聖書預言の実現のように見える。今この時こそ、切り取られた切り株が、原木につなぎ合わされようとする歴史の節目のような気がしてならないのである。

第七章　日本の現場とイスラエルの現場

1. 労働を神聖視する日本人のすごさ

その力に驚くのは日本人よりも外人の方が多い。そのすごさを日本人は当たり前のように思う普通さがまたすごい。外国に行き日本人のすごさに痛感するのにそんなに時間はかからない。過労死ということばがあるくらいだ。これは決して褒められたものではないが、労働を軽視するどころか神聖視さえする。働きは人の罪の罰ではない。人が当然担わなければならないものだと神はアダムに仰せられたのを、日本人は謙虚に受け止めているだけなのだ。一般的に西洋キリスト教文化圏では労働を軽く見る。

これは明らかに見当違いだ。それこそ罪の上塗りである。まるで子供がいたずらをして叱られてふてくされているようなものだ。

電車は時間どおりに発ち時間どおりに着く。新幹線の到着が十秒と狂わないという現場の力は賞賛するほかない。その時間を守るために、スピードを出し過ぎて列車を転覆させた大惨事は、現場の力が逆作用として働いた象徴的事件であった。

これらは枚挙にいとまがない。最前線で働く現場のチカラの卓越性はごく一部の人々のせいで揺らぐことはない。地味な仕事を誠実にこなす人々は圧倒的に多い。その職業倫理は高い。

2. 罪深い行状、失態、悪行は世の常

確かに次のようなことも起こっている。日銀マンの現場が新札のすり替えをした。産地偽装した商品が店頭に並ぶ。タクシーの運転手に道を教えなければならない。学校の教師が女生徒にいたずらをする。教会の聖職者が性的犯罪を犯す。心ない者たちはどこの国にもいる。

これらは個々の責任だけではない。組織を預かる責任者の管理責任の問題でもある。軽く見逃してはならないことではあるが、これらの罪深い行状、失態、悪行は世の常である。世界中、古今東西至るところで時代を選ばず繰り返されてきたことなのである。

日本が特にひどいというわけではなく、むしろその指摘を一つ一つ挙げてみると諸外国はもっとひどい。しかし一般的に大半の日本人は労働に一目置く。ここで取り上げた点は犯罪行為そのものではなく、一般民衆に見られる徳の高さである。これが普通のことなのですごいのである。

今から二十年ほど前、二〇〇二年、イスラム圏の大都市を訪れたことがある。大寺院の早朝の鐘の音で目が覚め、午後の五時にもその音が響いた。寺院の豪華なドームの内部に入ろうとすると「ちょっと待て」と呼び止められた。信者は三々五々お参りに来るが、外部の者は誰でも入れるわけではない。特別な人しかダメなのだ。その宗教の門戸は開かれたものではなく独りよがりに思えた。

ホテルに戻ろうとしてバス停を尋ねたらあっちだという。そこに行くとバス停が無い。再び別の人に尋ねると他の方角を指さした。またそこにもバス停は無かった。十人に尋ねると十人十色の返事。やっとバスに乗り込むと後ろに座っていた男性が「観光するなら案内するよ」という。学生らしい。嬉しいので「私にはお金がないから、昼ごはんくらいなら一緒に食べよう」と言った。するとものも言わずに次の停留所で降りてしまった。

アメリカの南部の都市でのこと。ホテルの切手自動販売機からつり銭が出ない。ホテルマンに「この箱からつり銭が出ない」と言うと肩をすぼめた。アイスクリームを買ってつり銭を待っていたらその店員は次のお客に向かっている。私は無視された。サンキューのことばもない。フロリダのある町でタクシーに乗った。つり銭がないと言う。つり銭の用意もないタクシー運転手の職業意識の低劣さにムッとした。まして彼は「私もクリスチャンです」とのたまっていたのでなお腹が立った。「お前には誠実心というのがないのか」と言うと、明日飛行場まで乗ってくれ、その時つり銭を渡すと言った。翌日飛行場までそのタクシーにお出ましいただいた。飛行場に着いてつり銭を出せと言うと、しぶしぶ出した。タクシー代を払い、それからそれ相応のチップを渡して機上の人になった。職業倫理に私はチップという制度はマイナスだと信じてやまない者の一人である。その国にはその国がたどってきた道筋にそれ相当の理由があって現在に至っているのであろうが、木が悪ければその実も悪いというのは真理である。この体験はアメリカ嫌いを助長させた。

3．いつの時代も悪い時代

このような実例は現代社会に限ったことではない。近ごろの日本は悪いよ、としたり顔で物申す御人もいるが、普通の日本人に遭ったことがないのかもしれない。確かに悪くなっているのも事実であろう。世の終わりには不法がはびこる、愛が冷えるとイエスは預言された。だが人の心はアダムとエバの堕落直後、よろずのものに勝って偽ってきた。彼らの長男は弟を妬《ねた》んで殺害した。

旧約聖書のイスラエル民族以前の古き時代、ヤコブの息子十一人はヨセフを亡き者にしようとした。そしてエジプトに売った。兄弟間の妬み、憎しみである。今から三千年ほど前、イスラエルが敵に囲まれた時、飢餓に襲われ母は自分の子供を食べた。

日本では、戦国時代覇権争いと自藩の存続のために子供を売り兄弟を殺した。建国時代にも宗教争いと権力のために聖徳太子は暗殺されたといわれている。

時代は移り変わり国が違ってもなんら人の罪は変わらない。新約聖書をほとんど書いたパウロは二千年前にこう言った。

「機会を十分に生かして用いなさい。悪い時代だからです」

いつの時代も悪い時代なのである。しかし、日本は例外と見られるほどすごいのである。その一つに純粋なる奴隷は日本には存在しなかった。

4．最大公約数的な現場の力

今日、日本は現場の力が際立っている。それもある一部の犯罪者の数の比ではない。国民の大多数の人々の力がすごい。世界中に行き渡っている日本製品の優秀性は世界の人々が認めている。その仕事への心構えは特筆すべきものがある。この力の源がどこからのものか日本人は知らないし探ろうともしない。また、自分たちが築いてきた国体、国風、家風に浸っているため当たり前と思っている。それ自体が現場の力に現れている。これこそイスラエルの古代の十二部族がもつ残影である。信仰を貫いたごく一部の人々の残してくれた遺産と言っていい。

「わたしを愛し、わたしの命令を守る者には、恵みを千代《せんだい》にまで施すからである」

（申命記5：10）。

この祝福は先祖からの恩恵である。その恵みは千代に及ぶのだから現在の日本の現場の力である祝福の恩恵は先祖が蒔いた子孫への約束である。

また日本の宗教的種々雑多な偶像崇拝からくる汎神論的宗教性も十二部族の残影である。このことはこの書の中で述べてきたことからも察していただけるはずである。

私は二〇〇三年、右も左もわからない伊勢志摩の英虞湾に大都会から引っ越してきた。ある祝日に車のバッテリーが上がってしまった。ＪＡＦに電話するとすぐに近くの自動車修理工場の白髪交じりの初老の男性が駆けつけて来た。応急手当てをして後、翌日その人の修理工場に行くと私の車に合うバッテリーが見つからない。そこで当座はこれで間に合わせてくださいと容量の少ない新品をあてがってくれた。祝日にやってきたのは社長であった。休日だったので社長が働かなくちゃ、若者がいなかっただけですよ、と笑った。それから幾日も経たないうちに車に適合したバッテリーをつけながら私の庭を見て言った。「水道代がバカになりません。日本一高いのですよ。雨水を樋《とい》から受けてドラム缶に溜めなさい」

二日後、私の留守中に庭にドラム缶の底が切り取られて転がっていた。私の自給自足を目指して走り出した新生活の力の原水とバッテリーの出所はどこなのか。その原動力は一般の普通の人たちのすごさである。彼はお金のために働いていなかった。一マイル頼んだのに二マイルいっしょに歩いてくれた。彼はイエスの山上の垂訓を知らない。

現場の力は今、日本のそこかしこにある。それに気づく人は少ない。この社長はある新興宗教の信者であった。汎神論的信仰がいわゆるキリスト教を奉じる西洋諸国の信仰とどれほどの差があるのかはその国民一般大衆が実らせる善行や親切と比べてみるがよい。確かに先祖から受け継いできたもの、それこそDNAに刻まれてきた唯一神信仰からの派生であることを知っている人はほとんどいない。

5. サムライの現場の力「諫言《かんげん》」

江戸時代に鍋島藩という藩があった。そこの家来に山本常朝という侍がいた。彼は武士道『葉隠《はがくれ》』を書いた。家老の特権は諫言であると言い切る。また、奉公とは「面々家職を勤める外はない」と述べ、「他職を面白」がることを禁じた。

自分の仕事を全うすることの中でも家老のみが親しく主君に諫言できた職であった。主君に「御異見」して主君の考えが糾《ただ》され政道に反映されることが、家老の仕事冥利に尽きるのである。自分の名利を度外視していのちを捨てる覚悟が奉公の醍醐味だという。

なぜいのちを捨てることに固執するのか。徳川家康に次のようなことばがある。「主人の悪事を見て諫言いる〻（進言する）家老は戦場にて一番槍をつくよりも遥かに増さりたる心ばせ（心意気）なるべし」

戦場での戦いで討死すると誉れであり、敵を討てば子々孫々の誉れである。しかし諫言は主君の嫌がる異見をするのであるから、手打ちに遭うか蟄居《ちっきょ》、引退、窓際に追いやられるか、妻子を路頭に迷わせるかを覚悟の上でなければならない。切腹した家老が忠臣の名をいただく場合もあるが、大方にして主君の面目を潰したと大不忠の名を着せられたのである。

そのような環境の下で江戸時代の武家の家訓に「諫言」が頼もしき家来の働きとして理解されているとは驚き以外何ものでもない。いのちを捨てて奉公をするその心意気が常朝の武士道であった。日本人の胸に残っている残影である。決して化石化していない。

十が九まで危なき勝負なのであるが、無効、無償であっても主君に「御用が立つ」

確信をもって、家老がその職を賭して正義を果たす精神性が、私にはまた驚きなのである。その背景にある主君のこころもまた大方次のようであったと葉隠はいう。

「御代々の殿様、悪人これなく、鈍智これなく」(夜陰の閑談)。

主君は決して愚かではなくバカでもなく分別はちゃんともっておられる、というのだ。だから一命を捨てて諫言できるのだと楽観している。

彼のいた藩が特別優れた殿様であったのか。いやそうではなかった。長い泰平の世にあって築き上げられてきた主君に仕える者の心構えとして、ひたすら主君を嘆く家来こそ最上であるとする葉隠の観念は、日本国中ほとんどすべての藩にあった。とまれその思想の土着化は、武家社会のみならず、一般社会に深く浸透していたのである。

この現場の力がすごい日本のアイデンティティーを日本人自身がどれだけ認知しているか。道徳面での影響力が強い宗教界、教育界の人々はいかがであろうか。特にキリスト教界に希望をおく私としては現代の日本の教会で指導者の顔色を窺わないで奉公する「家老」が輩出することを心底期待したい。

魂の永遠性を云々する霊的立場にいる職場で、宗教界のリーダーに諫言する「家老」がいるなら日本国全体に及ぼす祝福は干ばつ時の雨のように本当の意味で現場の力がすごい。

6．イスラエルの現場

古代イスラエルに「家老」がいた。侍の原型ともいえるもの、いのちをかけて真理を語った者たちがいた。ダビデを諫《いさ》めたナタン、頽廃《たいはい》したイスラエルを譴責《けんせき》したエレミヤ、ヘロデの罪を公にしたバプテスマのヨハネ、そして当時の宗教家、律法学者に向かって偽善者よ、まむしの子らよと糾弾したイエス。

その諫言はイスラエル国家を支えてきた。ソロモン王のイスラエルは、その栄華を極めて他国を驚かせた。王を中心とした現場の力そのものは第二歴代誌九章に詳しく書かれている。

「その食卓の料理、列席の家来たち、従者たちが仕えている態度とその服装を見て息も止まるほどであった」

この現場の力を滅ぼしたソロモンの子孫たちが、日本の現場の力を見るならばどのようにコメントするだろうか。

第八章　東の日の昇る国の中のユダヤ性

1．生命を象徴する太陽の国

ヤーコンを栽培するために百坪ほどの土地を借りた。畝《うね》がすでに作られている理想的な土地であった。二月寒風の吹く朝、鍬を畝にいれ肥料を混ぜようとした。すると畝のすぐ下はなんと硬い石地だった。ヤーコンは地中に伸びる芋である。なんとこんな石地では成長しない。

表面上は素晴らしい柔らかい土地なのだがすぐ下は硬い石地だった。太い良く育つヤーコンを期待するなら、見た目にはきれいな土壌でも種芋を植えるわけにはいかない。春に種芋を植える。だから寒い二月に地面を耕さなければならない。鍬を振り下ろすとカチーン、カチーンの音とともに石が割れていく。少しでも深く掘って、柔らかい地面をつくらねばならない。手がしびれて来る。衝撃は毎回振り下ろす鍬から腕、からだ全体に響く。冷たい風が顔を襲ってくるが、背中に汗が流れる。鼻水も出てきた。

私たちは日本の土地に福音の種を蒔いてきた。明治政府がキリスト教禁止の高札を撤廃したのが一八七二年、それ以来この柔らかく見える土地に種を蒔いてきたが表面がそう見えただけだった。この百年以上私たちは耕さないできた。いや見方によると数百年いや二千年に及ぶのかもしれない。だから種は根付かず、実は貧弱である。種を蒔く努力は他のどの国の農夫にも劣らず熱心で真面目にやってきた。ヨーロッパも北アメリカもオセアニアも南アメリカもアフリカも、その地に種がそのまま蒔かれてもよく実った。そして日本もそうだと思った。しかし、種は根付かずその実は誰が見てもあまりにも貧弱であった。地面の下は少し掘ればすぐにわかることなのに誰も耕さず掘りもしなかった。あまりにも硬すぎたのか掘る手間を省いたのか、その暇もなかったのか、時が良くても悪くても種は蒔くものだと信じて働き続けて来たのかもしれない。

二六八三年の歴史を通して踏み固められた内部の土は、硬い石に変形していた。男系王位継承国は世界で日本だけである。聖書の国を東へ東へと行くと、その終点は日本である。大陸から離れたところ、その上特異な鎖国をやって独自の国有文化を継承した国はただ一つ日本である。選民意識を抱き、その国旗は星ではなく、生命を象徴している太陽である。太陽は東から昇る。その東の端の国なのである。天皇が神と国民の間をとりなす大祭司的役割を担っている事実、天之御中主神《アメノミナカヌシノカミ》を最初の神としてイザナギ、イザナミの夫婦の神を建国の神とした日本国のルーツや生い立ちを無視し、眼中にも入れずにひたすらにイエスの福音を語り続けてきた。私たちの日常生活上に永遠のいのちの力が実践されない宗教的貧弱さ、いやむしろ宗教的頑固さは石地そのものである。

2. 石地こそ日本のルーツの神秘

柔らかそうに見えている畝に肥料をやろうとして少し掘ったその時に鍬が石地に当たった。その石の層が日本のアイデンティティーである。同じように鍬を入れて石地にカチーンと当たった国がある。イスラエルである。アダムからの人類の始まりの経綸とモーセによる戒律、原罪と贖い、そしてイスラエル民族の選民性、偶像崇拝に陥った変遷と民族の崩壊の歴史に至る長さとその質において日本は足もとにも及ばない。その頑固な石地は大変な硬さである。このことについて、ここで深く入ることはしないが、この硬さに挑戦する戦略を探り練る知恵は必要である。

その頑固な岩石に勇敢に立ち向かう志士が飛び立とうとする。種を蒔く喜びはないかもしれない。だから芽が出て来る楽しみは味わえないかもしれない。報いはすぐには出てこないだろう。耕す仕事は種を蒔く以前の問題だからである。その手に鍬を握るのは、少し勇気がいるかもしれない。鍬を振り上げ石地に立ち向かう勇気は種を蒔く勇気とは一味も二味も違う。福音を語る伝道者の二重の苦しみは、日本の伝道者の宿命である。

耕す者は一握りの人たちかもしれない。周りから、そんなことをしていることは時間の無駄だという声も聞こえる。それでもこの三十年ひたすらに石地に立ち向かってその石を砕きつづけてきた。すると種蒔きさえままならぬ場合でもいとも容易く、聖書に興味を抱く人たちがそこかしこに出てきたのである。また幸い今まで蒔いた種も無駄にはならなかった。石地が砕かれた時、蒔かれた種は確実に地中で育ち始めたのである。

ヤーコンは冬の最中、年の明ける直前十二月に実る。そのように、間もなく日本国というその地に住む日本人の心と生活に豊かな収穫の時が訪れる。それを見る世界の国々の人々は、収穫の豊かさによって恩恵を受けることになる。多くの証人に囲まれて群衆となる日本人は、東の太陽のシンボルと共にイスラエル回復という喜びの拍手の中を行進するであろう。

なぜ東の日の昇る国（ライジングサン）の中のユダヤ性を問題にするのかというならば、次の具体的な事柄をよく観察してほしい。その類似性の事実が存在するところから来る判断は読者に任せる。偶然の産物として無視するもよし、直視するもよし。

黙示録の預言（七章）がよぎる。日の出るほうから上って来る御使いが、地をも海をも損なう権威を与えられた四人の御使いたちに大声で叫んだ。

「私たちが神のしもべたちの額に印を押してしまうまで、地にも海にも木にも害を与えてはいけない」

石地を耕しその国民に印を押す預言である。

エゼキエルは、これを谷間に横たわるイスラエル全家の枯れた骨々と呼んだ。

3. 大和はヘブル語でヤハウェの民

日本の神社関連として社《ヤシロ》をヘブライ語ではヤー（ヤハウェを短くした）シロ（サムエルが礼拝を行っていた場所の名前）という。ヤーシロは神が降臨する乗り物という意味。依代《よりしろ》はヘブライ語でヤハシロ、これはヤハウェの器、ヤハウェの斎場、統合している神のおられる礼拝所を意味する。偶然だとする人たちは、よく似ていることによって何か不都合があるのであろう。その理由を私は聞いたことがない。神道は日本人の起源からのものであり日本語そのものの起源を探らなければならない問題を抱えている。

神社の前に鎮座している獅子（ライオン）と狛犬（一角獣）がいる。京都御所の清涼殿の天皇の座の前にも鎮座している。ソロモンの神殿の前のライオン（獅子）はユダ族の象徴で南イスラエルの二部族を示す。ユニコーン（一角獣）はエフライム族の象徴である北イスラエルの十部族を示している。獅子は日本にはいない。ユニコーン

は架空の動物である。獅子と一角獣を神社の前に鎮座させている理由は、イスラエルの神殿にあったものが日本に渡来してきたとしか考えようがない。

契約の箱は純金で被われている。神輿も純金で被われている。ミコシとヘブル語のミコダシュ（聖所）は、ほとんど同じ発音である。箱の両側に環をつけ棒を通し外してはならないという契約の箱の決まりは神輿も同じである。契約の箱の上部にケルビム（天使）がふたり一対羽を広げている。神輿の上部にも鳳凰が羽を広げている。京都、松尾大社の神輿などは天使ケルビムが羽を広げているのをシンボル化したのであろう。

日本神道の神職の務めを見てみる。禊祓い、言霊のお祓いがある。神職に携わる神官は、その務めの前に必ず水での清めが必要である。そして祓い幣《ぬさ》を振る。レビ記に祭司の務めとして、収穫を刈り入れる時は、祭司は収穫の初穂の束を主に向かって揺り動かす（レビ23：10～11）。また、祭司は聖別のため会見の天幕の入口に近づかせ、水で彼らを洗う（出エジプト40：12）。

日本人が柏手を打つのは、参拝者がお願いなどをする前や約束ごとを決める時に行う。イスラエルでは、売買の契約をする時や誓約をする時、手をたたく（箴言6：1　誓約＝直訳は手をたたく）。ソロモンの神殿で王位を与える時、祭司エホヤダは手をたたいた（第二列王記11：12）。

日本には虎の巻がある。兵法や芸事などの秘伝が書かれている。転じて教科書に出ている問題の答えが載っている本、教科書ガイドでなじみのある人も多い。

ユダヤ教の聖書（タナハ）における最初の「モーセ五書」のことをトーラーと呼ぶ。これは巻き物である。

日本は天皇が即位すると年号が変わる。

建国二六八二年はユダヤ暦五七八二年である。ダビデが王であった期間は四十年であった（第一列王記2：11）。

ソロモンが王となって四年目、主の家の建設に取りかかった

王の即位年号を基準としている。

（第一列王記６：１）とあるように、王の即位を基準にしているのは、イスラエルの

ヨセフ・アイデルバーグ氏（参考①）によると国の名、大和《ヤマト》はヘブル語では、「ヤハウェの民」という意味となる。スメラはサマリア（北朝十部族の首都）となる。スメラミコトはサマリアの王となり初代天皇の名前「神武天皇」神日本磐余彦大王（カム・ヤマト・イワレ・ビコ・スメラ・ミコト）はサマリアの王神ヤハウェのヘブル民族の高尚な創始者となる。漢字が日本に入った以前の名称であるので訓での解釈が妥当という。

神武天皇以前の神代説話に登場する人物、地名、行状などと旧約聖書に記されている人物との類似には驚く。大和武尊《ヤマトタケルノミコト》とエフデ（士師記）、高天原《たかまがはら》とタガーマ州のハラン、ニニギとヤコブ（イスラエル）、コノハナサクヤヒメ（妹）とラケル（妹）などがあまりにもよく似ている。

ことばに類するものとして外人は日本人と日本人以外の人々に分けることばである。ヘブル語でゴイジンはユダヤ人でない人のことばであるなど不思議な一致である。

日本の神様の名前にはヤの発音が多い。八上《やかみ》神社、八幡《やはた》、社《やしろ》、八坂、弥栄《いやさか》、八百《やお》

万《よろず》の神などが挙げられる。イスラエルの神様の名前はヤーが基本である。「ヤハウエ」は神である。

これらの日本に存在するものはイスラエルの諸事項の本質であるべき姿から程遠いものなので、「枯れた骨」と呼んで差し支えないだろう。その骨の一つ一つに預言する。すると骨に肉がつき筋がつく。皮膚が覆って人の姿となり、多くの人々が集まり群衆となる。自分たちの足で歩きはじめると旧約聖書の預言者エゼキエルは世の終わりのイスラエル全家の回復の幻を見た。

耕されるのを待っている石地に住んでいる国が二つある。一つは何千年国土を持たなかったユダヤの国イスラエル、もう一つの国は固有の国土を何千年と維持してきたイスラエルの枯れた骨のようなものを持っている日本である。

参考①　(ヨセフ・アイデルバーグ氏) イスラエルから日本に渡り、1972年に京都の護王神社で見習いとして仕える。イスラエル十部族と日本の関係の研究に後半生をささげたユダヤ人。

第九章　神は日本を愛するがゆえに

1．初心に帰れ、日本の首相

ほとんどの指導者は人々の幸せを願って仕事に就く。はじめの動機は神の前にも人の前にも正しいかもしれない。しかし成功するに及んで高ぶり、国のため、公のため、人のためという目標は地位の保身と後世に名を残そうとする私心が躍り出る。多くの場合ヒーローとして人民に迎えられるが、わが身の業績に目がくらみ、仕事半ばにして道を絶たれる。

「神は、高ぶる者を退け、へりくだる者に恵みをお授けになる」（ヤコブ４：６）。

紀元前二世紀シリアの王アンティオコス四世エピファネス（参考①）は、ユダヤの神殿を荒らしその中にギリシャの神ゼウスの像を据えた。これは暴挙であった。エピファネスはエジプトに侵攻していたが急死する。神は御手を伸ばしユダヤの国をあわれまれた。神の介入はご自分の国を愛するがゆえの介入であった。その時マカバイのユダという指導者によってエルサレムは奪還され神殿も清められた。

二十世紀、ドイツのヒットラーは人々の歓呼の声に迎えられ強力なリーダーとして君臨。ポーランド、ロシアに侵攻し軍事力によって現状打破を試みた。人種偏見と差別のユダヤ人排斥のホロコーストは悪魔的である。彼の傲慢が自らのいのちを断つ終焉となった。神の御手は高ぶる者を低くする。

参考①　（エピファネス）紀元前215年?～紀元前163年）。紀元前2世紀のセレウコス朝シリアの王（在位：紀元前175年～紀元前163年）。プトレマイオス朝を圧倒したことでユダヤを支配下に治めたが、やがてマカバイ戦争を引き起こすことになった。

2. 責任逃れをした平成の織田信長

神はご自分がしようとしていることを預言者に示してからことを行われる。敵対するサタンと呼ばれる悪魔から、私たちを守ろうと警告される。警告してからことをなされる。人が身も心も清く保つことができるように助け、真実の交わりの関係を望まれるためである。まず預言者や指導者に、時には天使にさえその任務を課して近未来に起こることを示し教えられる。

ソドム、ゴモラの淫乱、好色、不法のはびこる町を滅ぼす直前、神は二人の天使を遣わし義人ロトを救われた。

東の果ての日本はどうであろうか。時は二〇〇五年だった。小泉首相は日本の歴代首相の型を破り、人民の心をつかんだ。歓呼の声に迎えられ巨大な郵政事業組織にメスを入れた。「改革を止めるな」の掛け声とともにその年九月の選挙の勝利は日本中が驚き湧いた。だが平成の〝織田信長〟も京都へ登るその途上〝明智光秀〟に襲われるかもしれないと私は当時思った。特に日本の伝統にメスを入れようと、天皇の後継者として女系天皇容認という暴挙というほかない方針を打ち出した時、彼の慢心が「本能寺」であった。古い因習に囚われたところから下克上の世に改革の先方であった織田信長が傲慢になるのにそれほどの時間はかからなかった。その後を継いだ豊臣秀吉も朝鮮侵攻の暴挙に邁進し栄華を極めている最中に病で倒れた。

露と落ち
露と消えにし我が身かな
浪速のことも
夢のまた夢

この辞世の句はあまりにも真実である。

警鐘を確認するため小泉首相時を振り返ってみよう。八十パーセントという国民の支持を得た直後、二ヶ月ほどのうちに発覚した最初の事件は耐震偽装であった。生活の三要素、衣食住の一つ住である耐震設計の人為的偽装による柱の崩壊である。行政の確認怠慢は東横インの人権無視、無節操改築工事に現れた。人命軽視の風潮に警鐘を鳴らすことばが首相の唇から発せられなかった。ことは国民の生命に関することである。

次にアメリカ牛の輸入解禁に関わる事件である。牛海綿状脳症（ＢＳＥ）牛の感染が世界を震撼《しんかん》させている矢先、政府はアメリカからの牛を輸入する前に調べもせず国民に食べさせた。アメリカの協定違反輸出であった。背骨に毒を持つ可能性がある牛である。日本人の脳ミソを海綿状にして、世界にもの申せない軟弱な日本人にさせようとしたのか。これはご免こうむりたい。日本はアメリカの牛の背骨はいらないと要求した。にもかかわらずアメリカは議会と自分たちの政府の利益を優先するあまりにそれを無視した。日本政府の許可があまりにも安易で早急だったと非難された首相は「非難すべきはアメリカでありではない」と釈明した。自らの非を認めるよりは、他に責任を転嫁するとは、日本人の培った謙虚さなど微塵も見られない傲慢を象徴した指導者の姿勢であった。

年が明けて一月十六日、検察はライブドアの粉飾決算を暴き、強制捜査に踏み切った。自由民主党が担ぎ上げた三十三歳のＩＴ企業で成功した若き起業家は、その時の選挙での〝刺客〟の筆頭であった。時の幹事長武部は彼の手を高くあげ「我が息子、我が弟」と叫び、金融庁を預かる竹中大臣はお金を愛し手段を選ばないこの若者と手を携えて、日本の経済路線を突っ走ろうとした。検察がこの若者を逮捕したのを受けて野党が政府の軽はずみなその場しのぎを非難した時、小泉首相は言った。

「選挙と候補者とは別問題だ」

自分の政策を成し遂げようとするために担ぎ上げた人物の逮捕と何ら関係がない、責任はないと公言した。

3. 伝統継承を断ち切る精神性

加えて時の首相は、国の屋台骨にメスを入れようとした。当時まで二六六五年の間、万世一系を貫いてきた男系の血統を持つ天皇家を戴く日本国は、世界に追従させないほどの大家族的国家として存在してきた。神がその歴史を通してお許しになったからに他ならないかぎり、戦いと権力闘争の渦巻く世界歴史のなかで数千年維持されてきたこと自体を説明できない。神を信じる日本人はそう考える。首相は一月二十九日、アダムから数えて人類歴史の六千年の半分にも及ぶ伝統継承を断ち切ろうとした。皇室典範改正法案を出したのである。これは母方に天皇の血筋を引く女系天皇を認め、皇位継承順位は男女を問わない第一優先とするものであった。

もしこれが通れば覆水盆に返らずが実現する。改正法案について国民にその意味と意義、日本の伝統である天皇家の血統がなぜ今まで継承して来たかの経緯を議論することもせず、また国民に問いかけもしなかった。ごく限られた十人の有識者と言われる人たちだけで、たった三十時間の議論の末、立ち上げた法案を「それでも今提出するのか」と問われた首相の返答はひとこと「そりゃそうです」だった。これは「日本国の象徴であり日本国民統合の象徴であって、この地位は、主権の存する日本国民の総意に基づく」を軽視した一国の主権者として軽佻《けいちょう》浮薄、無思慮きわまりない。

日本国が百二十六代にわたって継承した世界唯一の伝統を真摯《しんし》に誠実に国民の総意も踏まえず事を進めるとは、指導者としての資格は微塵も見られない。国民のために国の舵取りをする指導者がおごり高ぶるなら、神はご自分の民のために介入される。決定的な要因があるとするならばこの時のこの場面がそうであった。ホリエモン事件など物の数ではない。そんな些細な要因ではない。その要因は為政者が国の基《もとい》を揺るがすような事柄を不敬に運ぶことである。

ダビデが傲慢になって人口調査をした時、神は彼の王国に介入された。しかしダビデは悔い改めて許しを乞うた。かつてシリアの王エピファネスが神殿に偶像を置いた時、彼に悲劇が襲った。エジプトの王パロもモーセのことばに耳を傾けなかったその時、国全体に何が起こったのか私たちはよく知っている。指導者が国の根幹に手を触れ誤る時、神は動く。神が国をあわれまれるなら、小泉首相の日本の扇の要をバラバラにするこの改正案は覆される。さもなければ彼は人が思うより早くその地位を去ることになる。彼が謙遜に自らのことばで日本の国を良くしようと決意した初心に立ち返らない限り、その地位、名誉、政治生命は絶たれてしかるべきである。

二〇二二年の今顧みると、当時私が記したこと、小泉首相の目指した政策が頓挫《とんざ》したのに驚くことはない。二〇〇六年一月の施政方針演説で皇室典範改正案を国会に提出。秋篠宮殿下に悠仁《ひさひと》親王殿下が同年九月六日誕生となり、小泉首相の思惑は頓挫した。

4. 日本への祝福「ふるさと」

この前述した経綸は、モーセの出現からイスラエルの興亡に至る歴史上五千年に及んで見られてきた。また日本の国にあってもイザナギ、イザナミ、アマテラス、神武天皇の歴代誌に同じ経綸を見る。むしろその以前アメノミナカヌシの神代の時代からも見ることができる。経綸として日本国への渡来と存在経緯によって証明済みである。

イスラエルの神、天地創造の神が確かにこの日本という国にあって、恵みの恩寵を見られるというのは疑いもない。東の果てにたどり着いた先祖の希望と勇気、団結と平和を求めて発展してきた祝福は明らかである。モーセとヤコブの世の終わりの時を表した預言と賜物（参考①）からの祝福を挙げてみよう。水の祝福、山と森の祝福、天からの四季の祝福、胎の祝福はいうまでもない。日本国の城壁である垣根として存する海の祝福、これら国内の祝福もさることながら、国外の人々からの信用と信頼を勝ち得てきた祝福は案外日本人自身気づいていない。

しかし次の歌は、永遠の国への希望を日本人の潜在意識の中の宝物を呼びさますものとして私たちのくちびるに上る。

志を果たして
いつの日にか帰らん
山は青きふるさと
水は清きふるさと

私たちがこよなく愛するこの歌は、どこか遠い故郷を見つめているようでもある。

神の恵みがあってこそ国は存続し、私たちは今その国に生きている。神はご自分の民を見捨てることはおできにならない理由は、イスラエルのために御子を遣わし十字架につけるほどに愛されたからである。ご計画を隠すことなく、預言者に知らせ、十二弟子たちに福音を託し、全世界に宣べ伝えよと言われた神は今も同じ神であられる。

モーセはエジプトの王パロの心が翻るように願って、神の警告を知らせて言った。「わたしの民を去らせよ」と。お前の高慢と保身よりも神の民に自由と幸福を与えよ、と。

日本政府は生活の基盤である住の構造計算の偽りを承認した。食の安全基準をあやふやにし、その決定のために現地調査もせずにアメリカ牛の輸入にハンコを押した。金銭を愛して金がすべてであると公言した若者に国の祭り事（政治）をゆだねよと国民にテレビで呼びかけた。国民の安全である衣食住に関して、これらは政府が狂っているのであって、それのみならず国民の多くが公義と公正を見失ったからでもある。誰がそれを糺《ただ》し、正しい舵取りをするのであろうか。指導者ではないか。指導者が国家を揺るがす事項の根幹に触れ、道を踏み外すなら神の介入以外に救いはないのではあるまいか。

参考①（預言と賜物）創世記49章と申命記33章。

5．ユダヤ祭司アロン家の男系

二〇〇五年の十月、伊勢の内宮前の会館での集会の時（第六章で述べた講演の時）だった。イスラエル大使エリ・コーヘン氏と話し合う機会があった。彼はモーセの兄、祭司アロン家系であって百三十代目だとのこと。男系が継ぐために彼の娘はアロン家を継ぐことはできない。祭司系なのでユダヤの民族を祝福する任務がある。

日本の天皇の務めは、日本国民の幸せと祝福を祈る祈りにある。この祭司の務めと男系継承に関する両国の同一性はユダヤと日本の偶然の一致なのではない。両国の長い歴史の積み重ねの中にあってルーツが同じであることとの査証である。日本の中の聖書的経綸に割り込もうとした小泉首相に神は待ったをかけるかのように、当然のように介入をされたと見る預言者、また聖書学者はいるのだろうか。ただ私たちは国と国民の祝福を願い指導者のために頭を垂れひざまずいて祈り、自らの務めに忠実でありたい。

第十章　ドライボーンズ

1. エゼキエルが見た光景

聖書の旧約にエゼキエル書というのがある。そこには谷間に枯れた骨が満ちていたと書かれている。この預言者はそのところで預言せよと命じられた。

半世紀以上も前になろうか、ドライボーンズ（dry bones）という歌が流行った。ヘッドボーンコネクティッドネックボーンという歌詞である。バリトンの冴えた声が今でも耳に残っている。思い出す人はかなりのお歳だと思う。頭の骨が首の骨に結びつき、首の骨が肩の骨にくっつく。そして人のかたちになり肉がつき筋がついて、神様の息が吹き込まれて生き返り、自分たちの足で立ち上がる象徴的な歌である。

エゼキエルがその光景を見た場所は谷間であった。神が遠い将来になそうとされていることを彼に見せられ、その時代の信仰者たちにしてもらいたいことを教えられた預言である。

十数年前であったが三月十二日、私はエルサレムのアミシャーブの代表者ユダヤ教ラビ・アビハイルの家を訪問した。彼は、「イスラエルが戻ってくる」と開口一番、居間の写真を指さした。そこには枯れた骨がデザイン化された写真があった。その右隣にあるイスラエルの民が歩いて帰還している白黒写真がリアルに目に飛び込んできた。

エゼキエルはリアルにその時の模様を次のように書いている。

「主の御手が私の上にあり、主の霊によって、私は連れ出され、谷間の真ん中に置かれた。そこには骨が満ちていた。……その谷間には非常に多くの骨があり、ひどく干からびていた」（エゼキエル37：1、2）

この谷間とはどこにあるのだろうか。谷間というのは山の合間にあるから谷間という。二つの山の間であり、高い場所の間にあるところのことである。聖書でよく使われている言い回しで、目に見えないこと、または将来起こることの例えを用いて霊的な事柄や道徳的な事柄の奥義を伝える方法である。

この谷間とは現在のイスラエルという場所ではない。少なくともその当時の預言者エレミヤ、イザヤ、またダビデ王、ソロモン王が君臨したエルサレムやその附近ではない。神はエゼキエルに次のように仰せられている。

「わたしはイスラエル人をその行っていた諸国の民の間から連れ出し、彼らを四方から集め、彼らの地に連れて行く」（エゼキエル37：21）と。

どこか遠いところに枯れた骨が満ちているのである。

2．現実となったモーセの預言

モーセは、自分の民イスラエルが遠い将来、神を捨て偶像崇拝し、宗教的に国家存続のどん底を体験することを知っていた。次のような預言をしている。申命記二十八章である。（15節〜21節）
「もし、あなたが、あなたの神、主の御声に聞き従わず、私が、きょう、命じる主のすべての命令とおきてとを守り行わないなら、次のすべてののろいがあなたに臨み、あなたはのろわれる。……あなたのかごも、こね鉢ものろわれる。あなたの身から生まれる者も、地の産物も、群れのうちの子牛も、群れのうちの雌羊ものろわれる。あなたは、入る時ものろわれ、出て行く時にものろわれる。……主は、疫病をあなたの身にまといつかせ、ついには、あなたが、入って行って、所有しようとしている地から、あなたを絶滅される」

このような描写が延々と続く。ここに書くのも吐き気を催すほど恐ろしいことが記されている。これらはBC七二二年の北イスラエルのアッシリアによる滅亡。BC五八六年の南イスラエルのバビロン捕囚。そして最終的にAD七〇年のローマによるユダヤ国崩壊と続き現実のものとなった。

国としての機能が消滅。イスラエル民族は世界に離散してしまった。国難がやってくるという警告はあった。しかし人は忠告を受け入れなかった。

「地の果てから果てまでのすべての国々の中に、あなたを散らす。あなたはその所で、あなたもあなたの先祖たちも知らなかった木や石のほかの神々に仕える」（申命記28：64）

イスラエルは異邦の民、神を信じない民の間に住み、休息することもできず、足の裏を休めることもできなくなった。その心はおののき、目は衰え、その精神は弱り果て、いのちは危険にさらされ、夜も昼もおびえて自分が生きることさえおぼつかなくなった。モーセの預言が現実のものとなった。以来、北イスラエルは二千六百年、南イスラエルは二千年が過ぎた。

3．日本の大東亜戦争後の平和ボケからの脱却

先の戦争を大東亜戦争と名付けて、半世紀後の野呂田《のろた》衆院予算委員長が、二〇〇一年二月秋田で次のように語った。「アメリカが石油などを封鎖したから日本はやむを得ず、南方で資源確保に乗り出した。……戦後欧米のアジア植民地政策が終わりを告げたのは日本のおかげであるとするアジア諸国の首脳たちもいるのも確かだ。しかし軍国主義という一方的見解を採用し敗戦という大きな犠牲によって文化、伝統、歴史までもが悪いと反省してしまったのは本当に大きな誤りだ」

歴史認識に新たな観点で発言しようとする度に、舌禍事件と呼びマスコミはこぞって反発する。日本がなぜ真珠湾を攻撃したかを調べ、日本国憲法改憲を主張し自立せよ日本、と呼びかける動きがある。二〇二二年二月、ロシアがウクライナに侵攻した。

ロシアの現状打破のための軍事力行使は、日本人の平和ボケを覚醒させた。対岸の火事騒ぎではないと自覚させた。その数ヶ月後国民は参院選挙で保守の勝利をもたらしたのは一つの証拠であるかもしれない。

軍国主義復活か？　とレッテルを貼るのは戦争の悲惨さを味わった世代が過ぎ、次の世代に移行し始めたからと見る向きもある。いや、同じ体験をしたくないという思いからでもあろう。同時に日本の腰砕け現象や自虐史観がもたらす優柔不断さ、歴史認識を正しくしようとする働きがそこかしこから起こってきているのも見逃せない。戦後七十八年にして、自虐史観に終止符を、日本精神復活を、新しい歴史教科書を作ろうとの国民の声も大きくなりつつある。ユダヤ人が二十世紀後半から立ち上がりはじめた姿を世界が知ったように、日本が南ユダヤの現イスラエルから学ぼうとする時が来たのである。ウクライナの悲惨な状況を真正面から見て日本の自立の道をとる指導者が現れる時が来たのではないだろうか。

4．国難によって霊性は失われたのか

私たちの日本は明治維新以来急速に欧米化した。文化は宗教、伝統、風俗、習慣から培われてくる。文化はその国の宗教と大いに関係がある。そこでまず宗教を取り上げたい。キリスト教は明治四年解禁された。欧米に見習え、が社会の風潮として怒濤《どとう》のごとく押し寄せ、日本を飲み込んだ。その時内村鑑三や新渡戸稲造などの日本精神を踏まえた愛国的キリスト教もその影響を多分に受けてしまった。西洋的キリスト教の到来であった。だが人口比率からすると日本のキリスト教信仰者の割合は世界最低の一パーセントなのである。

古来継承されてきた神道から生じた潜在意識とそれに関わる精神性が古い皮袋であって、新しいぶどう酒を受けつけなかった。同じような国がアジアの西の端にある。現在のイスラエルは一九四八年五月再建された。その直前ユダヤ人に降りかかった国難に彼らは押し流されることはなかった。ユダヤ文化とその精神はホロコーストという荒波をバネにして、自国再建を成し遂げたのは旧約聖書のモーセへの信奉にあった。

いやパウロが言った「そしてみな、雲と海とで、モーセにつくバプテスマを受け、……それにもかかわらず、彼らの大部分は神のみこころにかなわず、荒野で滅ぼされました」（コリントI10：2～5）を再現したようなものだった。国土を持たない彼らの中に二千年後の今も脈々と息づいてきたかたくなさがものを言った。

世界最古と言われている万世一系を貫く日本に、モーセのトーラー（律法）はなかった。だがその文化、風習、伝統、宗教的なものが生活の中にしっかりと組み込まれていた。周りを海に囲まれた風土の下で、その上に江戸時代の約二百六十年に及ぶ平和な時代に恵まれたのも相まってインナートーラーと呼ぶべきものを確立してしまった。インナートーラーとは、形や文字に現れる律法的、かつ目に見えるものではなく、内面的に心の中に形作られた法則（トーラー・指南書）である。ユダヤも日本もそれがために欧米キリスト教の影響を表面上しか受けないのである。イエスのことば「人はパンのみで生きるのではない」という武士道的精神の非具体化としての弱体そのものは、司馬遼太郎氏のことばを借りるまでもない。司馬遼太郎は武士道が化石化しているとは信じたくないと言った。私たちの文化とその精神が敗戦という前代未聞、空前絶後とも言われる国難によってどのようになったか。戦後の日本文化を構成する精神性とも言うべき霊性は国難によってほんとに弱められたのであろうか。

　私たち日本人に見られる現在の精神的軟弱、いじめられている子供の自閉症的現象は現実にそこかしこに見られるのも事実である。両国に見られる精神性両極端現象は神知識のとらえ方の違いから来る。大和魂、ユダヤ魂といわれるようにその類似性をもっているにもかかわらず、現状況下で両者が裏表、上下左右のように堅固と軟弱に分かれている。

　日本には独特の神知識がある。そこから派生している文化一般が、ユダヤ的性格をも有する。同じ民族であるとする「同祖論」は、今のところ巷の噂程度であるかもしれない。確かに学術的に遡上されていないかもしれないが、キリスト教（景教を含めて）への反発に見られる傾向は両国において同じである。全世界二百ヶ国中でたったこの二つの国のあまりにも異なった条件にもかかわらず、キリスト教への拒絶反応は何を意味しているのか。まさに世界の谷間に横たわる枯れた骨であるとしか言いようがない。現実のこととしてキリスト教の内実に目隠しをさせられている状態は、谷間に横たわる形骸化したイスラエル全家であろう。

5. 平和国家、博愛主義、善意の偽善

「散切《ざんぎ》り頭を叩いてみれば、文明開化の音がする」

その時から先の大戦以後にかけて、日本の西洋化のスピードは急速に速まった。マッカーサーによる七千人の宣教師派遣、さらに食料援助等は戦後に大敗より日本を立て直そうとした証でもある。それまでの日本精神を軍国主義、富国強兵、アジアへの侵略とした戦勝国側からの見方は、わが身の目の中のはりは見ず、隣人の目の中のちりを取ろうとしたようなものだ。平和国家、博愛主義、アメリカの民主主義、それこそ日本を救う彼ら特有の善意であったとする偽善は徐々に暴かれてきている。

キリスト教世界の勝利であった。真珠湾を奇襲した卑劣な日本軍から日本国民を救おうとした大義名分の結果が、東京、大阪をはじめ主要都市への無差別攻撃であったのか。そうならばキリスト教を信奉する国家たちがどうして、谷間に横たわる枯れた骨に肉が生じ、いのちの息を吹き込む力となりえるのであろうか。ありえない。その上アメリカは自国の兵がこれ以上戦死するのが耐えられないと考え、戦争を早く終結

させるために広島、長崎に大量無差別兵器、原子爆弾を落とした、とする大義名分を掲げるならば、キリスト教国とはいったい何ものなのであろうか。これこそ日本の国難、のろい以外の何ものでもない。そのような主張に甘んじているなら、これこそ枯れた骨という表現が実に適切に聞こえる。

谷間に横たわる日本の将来に希望があるとすれば、日本国民にいのちの息を吹き込む鍵を持っている人、そう、日本人の中から現れるのを待つべきなのかもしれない。山々の間に存する谷間、地理的谷間と精神的谷間、その山々と谷の意味するところが何を意味するかを知る知恵こそ日本の将来を開く鍵となるだろう。

第十一章　古代イスラエルの滅亡と日本建国

1．国益第一は世界中の常識

ある人が他国に旅に出かけたが、彼を産み育ててくれた母親が母の名誉にかけて一つの仕事を頼んだ。彼は生まれ故郷に帰って心をこめてその仕事をやった。彼に兄がいた。同じく他国に仕事に出かけていたが、母に同じ仕事を頼まれた。しかし兄は帰ろうともしなかった。弟は母に頼まれた仕事をこなし終えて自分の仕事に戻っていった。あなたが友を選ぶとすると兄弟のどちらを選ぶだろうか。

世界一を決める初の野球大会が二〇〇六年三月に開催された。世界一の安打記録をもつマリナーズのイチローは参加した。日本の代表的野球選手であるヤンキースの松井は辞退した。外国でプレーしていたこの二人の相違はどこにあったか。

グローバリズムの急速な広がりは、ＩＴ革命に背中を押されて加速している。国家間のボーダレス化は世界の人々を呑み込んでいる。その力を最も享受しているのはアメリカ合衆国だろう。中華人民共和国は人民の数のパワーを振りかざして世界至るところに廉価商品販売展開中である。アメリカにも中国にも見られるグローバル化の津波の前には個人一人一人の愛国的さざ波はあたかも太平洋の海原にあって無きに等しい。その底力を見せる国家意識、愛国心である海嶺（海底にそびえる山脈）は高くそびえているが目に見えないだけである。大国の目のつけ所は、一方は拝金資本主義であり他方は拝金共産主義である。

アメリカ人の野球はヤンキースが勝てば良いのであって、松井の成績ではない。マリナーズであってイチローではない。一個人のバットがもたらす記録へのあの拍手は？　との声も上がるが、アメリカ国のヤンキースであり、マリナーズなのである。メジャーリーグは多国籍人種のるつぼである。だがあくまでアメリカの国在《あ》りきは、野球好きの人にとっては忘れられない初の世界大会運営に明確に現れた。チーム対戦相手選考上のかけ引き、審判選考上の国権意識は「海嶺」どころか丸見えであった。

中国の野球しかり、ましてアマチュアの集まりと言われているキューバのそれは、国家丸出しであった。国益第一は世界中のどの国にあっても常識なのである。これに一矢を報いたのがイチローであった。

2．日本の国家意識を呼び覚ましたイチロー

海嶺は海面に現れることはない。愛国心とか郷土愛とかは個人個人の心の中深くにあって、高くそびえるものである。しかし、それは確かにそこにある。その峰を高く持ち上げ、時には噴火という現象によって海面に現れる。日本人の海嶺を高くしたのがイチローであった。

その海嶺を海面にまで押し上げ、日本の力を世界に示した。その山（海嶺）の頂の徴《しるし》がイチローの働きであった。彼を育てた両親をはじめ、彼を取り巻く人々と世界共通の野球というスポーツの世界に日本人ここにありと見せつけたのである。日本人の野球は今や世界を席巻するまでになった。その後に続いた日本人選手は年ごとに増えている。二〇二一年の大谷翔平選手に至っては、アメリカMLB二〇二一年MVP

を獲得した。最優秀選手に選ばれた。しかも百年ぶりに現れたベーブ・ルース以来の逸材であり、前人未到の投打にわたる二刀流での成績は群を抜いた。

グローバリズムの山々の土俵上で、世界一の実績は谷間に横たわるだけの自虐意識から来る自信喪失、国家意識薄弱の教育を受けた日本国民に火をつけた。その点火力の威力は、今思い起こしても日本の人を奮い立たせる炎であった。

一方ヤンキースの松井がメジャーで最高の成績を残し優勝に貢献したところで日本の海嶺は高くそびえることはない。たかがアメリカの野球であり日本人としての世界に羽ばたく天使の翼とはならない。教育基本法改正案の教育の目標第二条第五項「伝統と文化を尊重し、それらをはぐくんできた我が国と郷土を愛するとともに、他国を尊重し、国際社会の平和と発展に寄与する態度を養うこと」を実践したのはイチローであった。

3．「嘆きの壁」ユダヤ人の悲劇

国の歴史は国民の一人一人のうちにある精神によって記録される。国家がなくなったユダヤ人の悲劇は語るまでもない。彼らの上に投げかけられた旧約聖書の警告預言がエルサレムの西門城壁によって成就した結果として今も「嘆きの壁」で嘆かれている。

それでもなお国家を否定する人がいる。コスモポリタンになりたい人がいる。しかし自国の文化と歴史に無知な人が、グローバリズムの最先端のアメリカや欧米諸国に住んでみると赤面するのに数年いや数ヶ月もかからない。自らの存在が泡のようなものであることに気づく。もし気づかないなら自分の権利を主張することもないし義務を果たすこともできないだろう。栄光は自らのものであるとする人に誰も拍手喝采を送らない。

国家間の垣根が取り外される時、人も国家も今までより以上の個別のアイデンティティーが求められる。二十世紀後半、民族が民族に対抗して立ち上がり始めた時と世界的にグローバリズムの色濃くなってきた時と一致するのは不思議ではない。

日本がエネルギー供給源を断たれ追い詰められた開戦だったとはいえ、さらにこの七十数年の長きにわたって敗戦という過酷かつ悲惨な経験を経てきた。先祖が培った精神を抜き取られたかのように横たわってきた。寄らば大樹の陰と決め込んで山々の谷間の日陰に甘んじているところから立ち上がり羽ばたくのは夢物語なのだろうか。

駐チリ元大使、色摩力夫《しかまりきお》氏は、『日本人はなぜ終戦の日付をまちがえたのか』（黙出《もく》版刊）の中で次のように言った。

「その国家の歴史はその国民のアイデンティティーのおかげである。国家を否定してコスモポリタンになりたいという人もいるが、残念ながらそれは無理というものである。現在の国際社会の基本的構造は多数の主権国家の併存である。しかも、その主体であり客体は、原則として主権国家である。個人は自分が帰属する国家を通じない限り、権利も主張できないし義務も受諾することもできない」

4. 精神に宿る希望

私の知人が自らの財産を投じて三百坪の土地を買い、三階建ての施設を建てた。彼の属する団体の目的を果たすために使ってもらえると考えた。私に嘆息交じりに言った。

「私は施設を建てれば、皆が集まってくれて役に立つと思った」

しかしそうではなかった。要は人材であった。働く人がいなければ施設はただの絵に描いた餅であった。数年後、一人の人が彼の施設をある働きのために使用したいと申し出た。彼の嘆きは解消したのであるが、世界的名器であるストラスバリウスもアイザックスターンがいなければ、鳴りを潜めたままである。モーツァルトの楽譜も小澤征爾がいなければただの一枚の紙切れに過ぎない。それに加えてみたい。働く人自身が誰のため何のために働くのかがはっきりとしなければ、徒労に終わる。また、ただむやみに鍬をふるうだけである。谷間にいる骨とは誰のことなのであろう。谷間とは果たしてどんな場所なのだろうか。

人の内に精神がなければ人は枯れた骨に過ぎない。枯れた骨に活動はない。力も発揮できない。最良の装備も人がいなければ役に立たないのと同様に、人の中に精神がなければ人も役に立たない。

新渡戸稲造は「武士道」の遺産から学べと次のように言った。

「(日露戦争における)鴨緑江において、あるいは朝鮮や満州において勝利をかちとらしめたものは、私たちを導き、そして私たちの心を励ましてきた父祖の霊魂であった。これらの霊魂、私たちの勇敢な先祖は死に絶えたのではない。見る目をもつ人たちにそれがはっきり見えるのだ。もっと進んだ思想をもつ日本人の表皮を剝いでみよ。

そこに人はサムライを見るだろう」

地中から双葉が顔を出し、木々の枝から新芽が生まれ出るのは、地中に目に見えないいのちがあり木々の幹に流れる樹液があってこそ。春を告げるウグイスの美声は誰のために奏でられているのだろうか。誰一人いない山間にひっそりと咲く櫻花を見て感動する人は、その場所に出かけた人である。活力は政治経済にそして個人の生活全般に達成感、幸福感をもたらすエネルギーである。その底力は武力でもなく財力、資材でもない。個々の中に宿る希望である。私たちにもできるのだという自信である。確信である。信仰力である。パウロは言った。

「私は、私を強くしてくださる方によって、どんなことでもできるのです」

5. イスラエルへの預言

谷間には骨が満ちていた。それらの骨が互いに結びつき、人の骨格ができた。その上に筋がつき、肉が生じ、皮膚がおおった。そしてその中に息が吹き込まれて生き返

旧約聖書の当時の律法学者

り自分たちの足で立ち上がった。このことばは、私たちへの励まし、そして希望である。象徴的なことばであるが、不可能を可能にする神の力そのものが響いてくる。旧約聖書エゼキエル書三十七章である。

　谷間の枯れた骨が生き返る。それがイスラエル全家という民族であるのが今のイスラエル国家に属するユダヤ人には大きな意味をもつ。彼らの北イスラエルがＢＣ七二二年に滅び、さらに百三十六年後、南イスラエルがＢＣ五八六年に滅び民は離散した。世界の谷間にうずくまるようにして日々を過ごしてきたのだから、このことばがもたらす力は信仰者の魂を奮い立たせる。

　聖書の外典ではあるが第四エズラ書十三章三十九節から、北イスラエルの失われた十部族についての記述がある。

「あなたは、彼が別の平和な群衆を自分のもとに集めるのを見た。これはかの九つの部族のことである。彼らはかつてヨシヤ王の時代に、捕囚となって祖国から連れ出された民である。アッシリア王シャルマナサルは彼らを捕虜として連行し、川の向こうに移し、彼らはこうして他国に移されたのである。しかし彼らは、多くの異邦の民を離れて、人がまだだれも住んだことのないほかの地方に行こうと決心した。彼らは、それまでいた地方では守ることのできなかった掟を、そこで守りたかったのである。彼らはユーフラテス川の狭い支流を通って入って行った。その時、いと高き方は彼らにしるしを行い、彼らが渡るまで、川の流れをせき止められた。その地方を通り過ぎる道のりは長く、一年半に及んだ。その地方は、アルザルと呼ばれている。彼らは、最近までそこに住んでいたのである。そして今、彼らは再び帰国の途につき、いと高き方は彼らが渡れるようにと、川の流れを再びせき止められた。あなたが、平和のうちに集まった群衆を見たのはこのことだったのである。しかしあなたの民の中で残されて、わたしの聖地に見いだされる人々も同様である。そこでわたしの子は、集まった諸国の民の群れを滅ぼす時、残された民を守る。その時、彼は、おびただしい奇跡を彼らに示す」エズラ記（ラテン語）十三章三十九節〜五十節　新共同訳

新共同訳聖書に「旧約聖書続編」が追加されている。第二正典、アポクリファ、外典などと呼ばれてきた。紀元三世紀以後、ユダヤ人によって書かれた。初期のキリスト教徒は、これをギリシャ語を用いるユダヤ教徒から聖なる書物として受け継いだ。

プロテスタント諸教会では必ずしも一定の評価はない。カトリック教会ではすでに用いられていたので、一九八七年「新共同訳聖書」として刊行された。その中のエズラ記十三章である。

九つの部族

イスラエルはソロモンの子の時代に二つに分裂した。南イスラエル・ユダ王国にはユダ、ベニヤミン、レビの三部族。レビ族は祭司職なので数えない。北イスラエルはエフライムを先頭とした部族である。ルベン、シメオン、ゼブルン、イッサカル、ダン、ガド、アシェル、ナフタリ、マナセの十部族。だがダン族は後にエチオピアに移動したため、九部族である。しかし一般的に十部族と呼ばれた。エズラ記には九部族とあり、この著者は歴史的にその事情に詳しい人物であったに違いない。黙示録七章の、日の出るほうから上って来た御使いによる神の印を押すイスラエル十二部族の名の中に、ダンの部族はいない。その東方の場所にいる民は、失われた十部族と一部のユダ族とレビ族の人々となる。

十部族の奴隷状態

アッシリアに滅ぼされた十部族は、捕虜となり奴隷のようで自由に自らの宗教的行事を行うことができなかった。イスラエルにいた時は、モーセの教えと真の信仰から遠ざかり偶像崇拝、異教の影響を受けながらも安息日礼拝、高き所で盛大な祝祭を行っていた。ユダ王国のエルサレムの神殿に行って行事に参加することもできた。四月の「過越の祭り」や七月の「仮庵の祭り」は、ヤロブアムによって八月十五日に変更されたものの、それでも祭りをすることができた。アッシリアの捕虜となったイスラエル十部族は異邦の民の下で彼らのたましいは耐えられなくなってきた。そこで考えた。

アッシリアとバビロンの戦闘の隙間

エフライムを筆頭とする指導者たちは脱出を計画した。ペルシャ、パキスタン、アフガニスタン、イラン、インド、中国など当時知ることができる限りの国々の状況を検討したであろう。自分たちの力で自分たちの宗教行事を保つことができるかどうかを調べた結果、誰も住んでいない東の地の果ての情報が入ってきた。そこへ旅立とうとする指導者たちの間でも数多くの反対もあったであろう。彼らはエフライムの指導力と統率力、それに加えてモーセとヤコブの預言の祝福を信じる者たちによって大移

■イスラエルから日本への地図

北イスラエルの滅亡　BC722
南イスラエル・バビロン捕囚　BC586

●東ユダヤ：東に移住したエステル、モルデカイ等の人たちはユダヤ（エルサレム）に帰還しなかった。

動をした。その大胆さと勇気、将来への希望を抱いてなされた行動力は、預言を信じたゆえである。しかし、切羽詰まった状況にあったことも容易に考えられる。バビロンが侵攻してくる最中に避難することは、現代においてロシアがウクライナに侵攻した二〇二二年二月二十四日以降に十分証明されている。避難移動である。しかし、彼ら北イスラエルは自国から逃れたのではなかった。他国にあっての不自由から、自由を得ようと脱出した。

エズラに記された「掟」

　モーセによって導かれたエジプト脱出を思い浮かべた時、先祖の荒野での苦しみを支えたのは十の戒めであり、幕屋である礼拝所造営、祭り遂行が容易に想像できる。そのため「掟」を守ることのできる場所を求めて旅を開始した。東の島々には人があまり住んでおらず、自分たちの国を新しく建造しようとした気概を想像すると胸が熱くなる。その時、紅海をせき止めエジプトの王パロの軍隊から守られたように、神は介入された。この再度の奇跡をして、東への旅が神の御心であることは明らかであった。「出エジプト」ならぬ「出アッシリア」であった。ユーフラテス川の流れがせき止められ、北イスラエル十部族は川を歩いて渡り、一年半後にアルザルに着き滞在した。

アルザルからさらに東

非常にたくさんの十部族の民が集団で大陸を渡るには、何年も何十年もかかったであろう。このアルザルは彼らにとって安定した場所であったことから、中間地点としての役割を果たし、さらに東へと向かうためのオアシスとなったであろう。なおアッシリアに残っていた仲間の民にも連絡係が知らせに走り、アルザルに向かう集団のために、神はユーフラテス川の支流を再びせき止められたとある。まさに出エジプトの再現である。アッシリアにとどまった残りの者にも、東に向かう平和のうちに集まった群衆にも、終わりの日にはおびただしい奇蹟を示すと記されている。

聖書外典とはいえ、ユダヤに残る伝説の中に近未来における終末の様子を知ることができる。二十一世紀のイスラエル十部族に想像もできないほどの不思議なことが起こる。世界の救いのための神の介入が、まず失われたイスラエルの回復預言の成就である。これは大いなる希望の灯である。

日本人が立っている地面の不思議に目を留めつつ宣教をする者たちが、日の昇るところの御使いである。印を押す任務を遂行する日本人の少数精兵が日本のギデオンたちである。

外典の不思議な叙述と共に、日本の神話にしてもその信憑性は疑われているが、その叙述から宝物を見出すのが子孫に託された務めでもある。日本人にとっては先祖が残してくれた古事記からの真意の読み取りが求められる。

古代イスラエルが滅んだ時と日本建国がほぼ同時代であった。

第十二章　エゼキエルの復活預言

1．ユダヤ民族と日本民族の通過したトンネル

兄と弟が仲良く暮らしていた。がある時父の経営する会社が銀行の融資を受けられなくなり倒産。父は同業者を集め力を合わせてその難関を乗り越えるため奔走した。しかし努力の甲斐なく体を壊し他界した。過労死であった。父は家庭を守るため骨身を削った。

兄は父の死が自分たちを守るための犠牲であったと言った。同業者も父の献身的働きで立ち直ることができたと感謝した。

弟は父の死が父自身の愚かさ、無計画、怠慢の結果であり同業者たちにもたくさん迷惑をかけた責任があると言った。兄と弟の歯車は合わなくなりそれぞれ別の道を歩むことになった。兄は父に感謝し生まれた家庭を誇りとした。弟は父を恨み自分の生まれた家庭を蔑み迷惑をかけた父親の罪を謝らねばならないと思った。この兄弟の父への思いは違っていた。かつ全く別の生き方をした。

もう八十数年前になる。ユダヤ人はドイツのナチに民族差別という悲惨な仕打ちを受けた。日本人は大東亜共栄圏を築くために自国防衛の旗印の下、戦ったが悲惨な代価を払った末敗北した。

戦争は悪であるという主張は、戦争は全く善であるという主張と同じくらい短絡的である。平和はどのように勝ち取るものであるかを問うこともしない人がいる。ただひたすらに父の罪を謝り代償を支払うことによって二度と同じ過ちは繰り返しませんと主張する。平和はそうやってもたらされるものだと信じている者たちは、受刑者に花束を持って行けば二度と犯罪は犯さなくなると信じているようなものだ。

善悪の基準の定かでない人、義と不義を見極められない人は、単純に悪と決めつけ現状打破のために力でねじ伏せようとする。また献身的な行いもせず、ただ傍観者でいる者の多くは、戦争は悪だと決めつける土台の上に立つ。

さてユダヤ人はどうであったか？　ユダヤ人は自分たちの尊厳が失われた悲しみと惨めさを味わった。彼らは自らの民族の誇りを失った苦しみを無駄にはしなかった。父の約束を自らのものにしようとして戦った。今の国家イスラエル回復につながった。

その一方日本はどうであったか？　いのちより大切なものはない、生きていることが第一であり今の平和を失いたくない、真珠湾攻撃は愚挙と声高に叫ぶ、近隣諸国に迷惑をかけたお詫び行脚をする。この二つの国は八十年ほど前に歴史上かつてないほどの犠牲を強いられた。その戦禍のトンネルは歴史上空前であった。しかしそこから派生した空気は全く違った様相を呈した。近代史での両国の相違については述べるまでもない。ここでは両国のルーツについて振り返ってみたい。原点に立ち戻って現時点の問題の分析、理解とするために。

2. 古代イスラエルの北と南

この書で北イスラエルと南イスラエルの滅びについて何度か記してきた。北朝と南朝の滅びがイスラエル全家にとって一大事であったこと、そこからの回復が聖書預言に大いに関係している。そのために国家の一大事を時系列で整理しておきたい。日本国発祥の時期と重なるからである。

再確認のためだが、南北朝の滅びについて、BC七二二年、北イスラエルがアッシリアによって滅ぼされた。百三十六年後、南イスラエル（代表ユダ族）はBC五八六年にバビロンへ捕囚された。戦争によって滅ぼされたこの兄弟は新天地を求めて彷徨った。エフライムを筆頭にした弟の北イスラエルは、安住の地を見つけてそこに住み着く。そこで自らの信念を貫くために団結こそ平和への道として、かたくななまでに海沿いの国で自らの信仰を守り通した。一方南イスラエルは一時、自らの国に帰るのであるがローマ軍によって滅ぼされてしまった。AD七〇年である。それ以後離散し放浪することになった。他国で自らの才能を磨きながら個々の力を蓄えた。

弟は公の中に個を見つけようとした。兄は個の中に公を見つけようとした。しかし両者とも成功したわけではない。その宿命の下、二千年が過ぎ去った。兄弟は目には見えないひとりの父の教えのもとで、思想と行動のパターンは違っても、そこに流れる血は同じものとして確保し続けた。人は皆その権利において平等であり、天地を造られた神は普遍であり遍在であるとする父の教えを保ってきた。兄は旧約聖書トーラーに、弟は行動パターンの生活の中に、まさにインナートーラーと呼ぶに相応しいものを築き上げていった。

父は遺言で戒律を語り、神殿を造るように指示した。その中に契約の箱を置きその箱を中心にして暦に従った生活を柱とした。

兄は語られたことば、律法を引き継いだが、弟は安住の地で箱そのものを大切にしそのレプリカを神殿に鎮座させ、暦に応じて往年の繁栄を思い出すように担ぎ回った。安住の地では箱を作ることも祭りを暦に従って行うことも許される環境にあった。兄は契約の箱を通して語られることばを重要視した。

「わたしはそこであなたと会見し、その『贖いのふた』の上から、すなわちあかしの箱の上の二つのケルビムの間から、イスラエル人について、あなたに命じることをことごとくあなたに語ろう」（出エジプト25：22）をまさに心の支えにした。ことばだけが彼の守ることのできる許容範囲であった。落ち着くことのできない他国での状況の下で生きる者としてやむを得ない宿命であった。兄の父への感謝は、そのことばを記憶すること、尊敬することに表された。当然と言えば当然である。それ以外に自分のアイデンティティーを貫く術を知らなかった。

3. 形とことば

弟は数十年いや数百年かけて他国での放浪の旅で骨身に染みたことがある。それは自分たちの保身である。民族の和と一致団結こそ生きる道であった。一致を乱すことのないように、神を信仰するための形である神殿構造はその落ち着いて住むと決めたところでは一つの設計図に忠実であった。神殿を作り祭りと政治は並行して行われた。生活の安定は、二千数百年にわたって一人の祭司王を擁立し血を守り通した。その文化は形として守られ継続された。

同じトンネルを経た者が、歩まされた道、言い換えるなら翻弄された道程の違いから生じた結果が両者の思想体系を形作ったと言える。一方は形を作ることから他方は内面を探りことばを重んじて行動に反映させるようになった。そして兄弟は二十世紀半ばに前代未聞の患難をくぐることになった。

4. 兄ユダヤと弟日本

兄は人種差別の犠牲となり、弟は人種差別を無くそうと八紘一宇《はっこういちう》の旗印を掲げて戦った。形とことばを重んじる兄弟は、彼らと全く価値観の違う両親の元に生まれた異民族連合国家に蹂躙《じゅうりん》されることになった。素朴なまでにいのちを捧げることの意味を貫いたがゆえに弟は安住の地を失う寸前までに打ちのめされた。戦争犯罪とまで決めつけられた東京裁判で戦犯の汚名を着せられた東條英機は、ユダヤ人差別を非難して同盟国のドイツに逆らった。(『ユダヤ製国家日本』ラビ・マーヴィン・トケイヤー著、徳間書店刊)ドイツは日本にもユダヤ人を排斥しろと再三圧力をかけてきたが、日本政府はユダヤ人を排斥するのは八紘一宇の国是にそぐわないと全面的にはねつけている。ドイツのナチから逃げるユダヤ難民を助けた将軍樋口季一郎《ひぐちきいちろう》と安江仙弘《のりひろ》陸軍大佐、犬塚惟重《これしげ》海軍大佐(一九三八年)、そしていのちのビザ発行杉原千畝《ちうね》(一九四〇年)は有名である。樋口季一郎と杉原千畝はユダヤゴールデンブックに名が記されている。

日本はドイツと同盟を結んでいたが政治的同盟であって、心情的、道徳的同盟までは結んでいなかった。東條英機はユダヤ人から尊敬を受けているが、同国人の人権を国よりも優先すべきだとする安っぽいヒューマニストたち、そして西洋キリスト教を信奉する多くの者たちから国賊と呼ばれている。これが形を重んじた弟のなれの果てだったのか。靖国神社参拝に反対する者たちと心を合わせて私たちの父たち母たちの死は犬死だと看做す空気は愛国の息吹を窒息させる。

弟は八紘一宇の旗印を掲げ生きる道、進むべき目標を見つけていたために、兄を助けたのである。彼を兄と知らないでやったことなのか、知ってやったことなのかはほんの一部の人しか啓示を受けていない。両者の関係が徐々にイスラエル全家とする認識が浸透しつつある。特にユダヤ人の間に熱き同族意識が見受けられるようになってきた。

しかし個を重視した兄の血を引くオッペンハイマーとアインシュタインは「原爆の父」とも呼ばれ、価値観の違う連合国家に与《くみ》した皮肉は人の知恵の及ばないところであろう。六万人の難民ユダヤ人を助けたのは日本である。広島長崎上空に大量破壊兵器である原子爆弾が投下され、世界初の被爆国となったのは日本人であった。その数三十万人。日本人が助けたユダヤ人の五倍の人々が一瞬にして灰と化した。アインシュタインもその手先になった者たちも後悔するが時すでに遅かった。兄も弟もことばと形だけお手本として父の教えを全うしようとしたが、敵の狡猾な戦略の前には無力であった。この無力感に希望を抱かせ自分自身を取り戻させる力を湧きあがらせるのがエゼキエルの枯れた骨の復活預言である。

5. ゼカリヤの預言

この兄弟は同じ父の血を受け継ぎ違うところで生きてきた。兄は父に感謝し生まれた家庭に誇りを抱いている。弟は父を恨み自分が生まれた家庭を蔑み、隣国に迷惑をかけたことをひたすら謝らねばならないと言う。一方は父の血は血であり、他方は父の血を水にするような色合いを呈した。弟のそれはアメリカ型民主主義という美名の掛け声とともに、父のとった行動を叱責することによって自らの立ち位置をないがしろにした。アメリカ合衆国という国は名目だけのキリスト教国であって、実のところは非キリスト教国家である。為政者は国の指導者を名目だけのキリストを名乗っているに過ぎない。

「弟」への異邦人による制裁は、父の存在を否定し自らの存在を否定した報いであった。政治的犯罪も道徳的犯罪も犯していない父を犯罪人とした。帝国主義の勝者が民族主義者の敗者をさばいたのである。それだけでなく自らの父の死に唾するようなものであった。血を水にするのは冒瀆《ぼうとく》である。人を生かし自立させるいのちの息を吸わなかった弟は、今も閉塞感で動きがとれないでいる。

戦争の大過のトンネルをくぐった日本人は、平和のありがたさを痛感した。戦後の七十八年に及ぶ平和と復興を享受してきた。だが今や戦争を知らない世代に入れ替わった。戦争に突入した理由も知らない世代は、日本人の善悪を知るよりも、我が身の保身と安全を求める。グローバリズムの時代の流れに乗り遅れないようにする歴史認識の薄弱さは畑に毒麦を蒔く暗闇の世の手下のようでもある。食べ物の中にいかなる毒性の添加物が入っていようと、毎日の食べ物が美味しくあればそれで良いという。その場しのぎの安逸《あんいつ》怯懦《きょうだ》の徒である。父の過去を否定し、悔いる子によって、その家庭が繁栄するならば、よほど子が聖人君子なのかもしれない。平和憲法があればそれだけで日本は守られると主張する。平和を作り出す努力もせず、正義より快楽を求める者は愚かである。

日本国が同じ轍《てつ》を踏んだ、などと考えるべきでない。今日本はユダヤ人の尊厳と勇気を手本にしなければならない。父の行動は貴かった、家族の救いのために尽くしたのだと感謝の礼でもって直立するサムライの起こり来たらんことを。

今やエゼキエルの預言が台頭し始めた。兄と弟は目覚める時が来た。兄が弟に救いの手を差し伸べる預言が成就するのである。ゼカリヤは預言した。

「わたしはユダの家を強め、ヨセフの家を救う」（ゼカリヤ10：6）

6．イスラエルと日本の歴史的時系列鳥瞰図

ＢＣ七二二年、北イスラエル十部族がアッシリアに滅ぼされ離散、数十年を経て日本の出雲に数万人の人々が辿り着く。初代天皇神武による奈良の橿原宮での即位は、ＢＣ六六〇年でその間わずか六十二年である。

南イスラエルのユダ部族とベニヤミン族とレビ族にとって、バビロンによって神殿は破壊され、ユダヤ人を頭にバビロン捕囚となったのがＢＣ五八六年。その数十年後、バビロンがペルシャに滅ぼされユダヤ人の四万三千人が祖国に戻り神殿を再建する。しかし十二万人のユダヤ人たちは、ギリシャの侵攻時にはその場所に残っていた。そ

の者たちの多くは東へ移住、その民もまた行方不明となった。彼らが他国に住んでいたとはいえ信奉していた神への思い、その知識と祭祀《さいし》を携え、特にイザヤの預言により地の果ての日の昇るところで神を賛美する希望をもって東へ向かった。アレクサンダーの東方遠征軍は各地でペルシャ帝国軍を破り、短期間で小アジア、エジプト、メソポタミアを制圧した。ＢＣ三三〇年にはペルシャ帝国は滅ぼされた。ペルシャにいたユダヤ人はアレクサンダーの侵攻以前にすでに東へ難民として向かっていたことは開封付近での痕跡を見ても明らかである。

時代は経てキリストの出現の紀元ゼロ年前後にかけて、ローマ帝国が台頭してきた。ＡＤ七〇年には本国に帰還していたユダヤ人はローマによって滅ぼされている。彼らは世界に離散し、世界宣教が始まったのはその頃である。キリスト教宣教開始と日本列島に国家意識が生まれた時期とが重なる。

時代は近代に入る。一九五〇年代にキリスト教会に聖霊が注がれた。全世界に福音のリバイバル運動が起こる。

それとほとんど同時に二千年の離散から二十世紀の奇跡といわれている「イスラエル」と名付けられた国家が一九四八年、自分たちの故郷である地に再建された。

一方イスラエルと呼ばれた民族（北朝のエフライム族を筆頭とした民族）、旧約聖書の記述から見るならば東の地の果てにいた民族は、明治維新（一八六八年、明治元年）までは世界から隔離されていたような国であった。それが一九〇四年から一九〇五年にかけての日露戦争で一躍、世界列強に肩を並べるほどの勃興を遂げた。さらに、一九一四年から一九一八年にかけての第一次世界大戦で一躍表舞台に立ったかに見えた。それから時を経ること一世代ほどの二十数年後、大東亜戦争で苦杯をなめ、その患難は言語に絶する体験をした。その苦しみから急速に立ち直ったのは近代日本の歴史が証明した。世界に躍り出る時期がこれまたほとんど同時なのである。

古代イスラエルと古代日本、その古代から現代に至るユダヤと日本が、何者かの意志に従って見えぬ糸で操られているかのようだ。近い将来のこの二つの国の行く末は旧約聖書のエゼキエル書と新約聖書の黙示録からも明らかである。閉ざされていた封印が解かれていく。聖書預言からその封印を解く知恵を求めてみよう。封印とは約束されたことを指す。そしてそれが解かれていくとは胸躍ることである。

日本人は避けて通ってはなるまい。

二十一世紀の日本

二〇二〇年一月十六日、日本国内で初めてコロナウイルスによる肺炎患者が発生、それ以後続々と新型コロナ患者のパンデミックとなった。疫病である。二〇二二年二月ロシアがウクライナに砲撃を開始。戦争である。ロシア軍が三月四日には欧州最大の原子力発電所ザポリージャ原発掌握……攻撃で一時火災のニュースが飛び込んできた。この世の終末の兆候がそこかしこに見られる時代に突入した。

その時の預言、ユダヤと十部族の将来預言であるエゼキエルが見た光景がある。三十七章にある。この書の第五章「ユダヤ人のような日本人」の中でも引用したが、枯れた骨が連なり筋がつき、肉が生じ、皮膚が覆う預言である。その骨はイスラエル全家である。骨に預言し神の霊が入り、彼らは生き返り、自分の足で立ち上がった。「ユダと、それにつくイスラエル人のために」の国ユダと、もう一本の杖を取り、その上に、「エフライムの杖、ヨセフと、それにつくイスラエルの全家のために」の二つの国がよみがえる預言である。エフライムの手にあるヨセフの杖と、それにつくイスラエルの諸部族とを取り、それらをユダの杖に合わせて、一本の杖とし、わたしの手の中で一つとするというのである。

神のことばである預言は成就する。これが間近に実現する。杖とは権威ある国家を意味する。ユダの杖は一九四八年に実現した。この杖はすでに一つの国として存在する。他の杖はエフライムと呼ばれている。この杖はどこの国であろうか。十部族が中心になって一つの国を形成しているとみて間違いない。ユダの杖と名乗っている以上、エフライムの杖が一つと名乗っている国がなければならない。この二つが合体するには、同等またはそれに等しい立ち位置をお互いが有していなければならない。さもなければ終末の預言としての回復が成り立たないことになる。

宣教のあり方

預言成就のためには伝道が関わる。聞くことがなければ信仰は成り立たない。ユダヤ人が筆頭である南イスラエルにも、十部族のエフライムが筆頭である北イスラエルにも神の息が注ぎ込まれるために、クリスチャンは伝道する。

世界宣教にもかかわらず二つの国でいまだにクリスチャンが占める割合が十分の一である実情は預言成就の先触れとするならば合点がいく。クリスチャンが極端に少ない共通点をもつユダヤ人のユダ族の国イスラエル、そして他の一つがイスラエルの十部族の国日本となる。

パウロは聖霊の息が吹き込まれるために次のように伝道姿勢を語った。「私はだれに対しても自由ですが、より多くの人を獲得するために、すべての人の奴隷となりました。ユダヤ人にはユダヤ人のようになりました。それはユダヤ人を獲得するためです。律法の下にある人々には、私自身は律法の下にはいませんが、律法の下にある者のようになりました。それは律法の下にある人々を獲得するためです。律法を持たない人々に対しては、――私は神の律法の外にある者ではなく、キリストの律法を守る者ですが、――律法を持たない者のようになりました。それは律法を持たない人々を獲得するためです。弱い人々には、弱い者になりました。弱い人々を獲得するためです。すべての人に、すべてのものとなりました。それは、何とかして、幾人かでも救うためです。私はすべてのことを、福音のためにしています。それは、私も福音の恵みをともに受ける者となるためなのです」（コリントⅠ9：19～23）。

日本人に伝道するのだから日本人のようになることが先決であろう。しかし、海外での成功例を模範としてアメリカ人のようになって伝道した。まさにおかしな日本宣教であった。日本を知ること、その歴史、文化、伝統、宗教、皇統の万世一系の不思議など、多岐にわたる視点から民族性のいかなるものかの追求が前提であるにもかかわらずである。この至極当然のことを日本の多くのキリスト者、牧師、伝道者はなぜかやってこなかった。

先祖を尊ぶ民族性

他国にはほとんど見られないほど先祖に重きを置く民族性は、先祖が経てきた苦難、それらを乗り越えてきた記憶が根付いているからに他ならない。ある民族がある隔離された安全な地に辿り着き、自分たちの信条を堅く守り通すための知恵をまとめ、自分たちの生きがいとしてきた心のよりどころは何か。これこそ先祖を尊ぶことではなかったか。それが私たちの国をここまで築き上げてきた大きな要素であった。

その民族の開拓期の特徴とは四百年に及ぶエジプトでの奴隷状態、そこから解放された直後の四十年間の荒野の彷徨、神の偉大な想像を絶する奇跡的介入による約束の地への入植、そして繁栄と分裂を経た国としての盛衰、自らの罪と愚かさによって神信仰の堕落による他国からの侵略そして滅亡、その中にあっても心ある少数の者たちの神信仰の復興を希求する祈り、その祈りのかたちとして先祖への思いを捨てきれないまま今日に及んでいる。その民族性に憐れみ深く怒ることの遅い神は、近い将来一条の光を差し込まれる。先祖を尊ぶ民族性の現れは、偶像崇拝などではなく、聖書預言が成就している日本人への祝福なのである。

第十三章　アブラハム、聖徳太子、イエスの残したもの

1．異邦人が邦人になる時

「イスラエル人の数は、海の砂のようになり、量ることも数えることもできなくなる。彼らは、『あなたがたはわたしの民ではない』と言われた所で、『あなたがたは生ける神の子らだ』と言われるようになる」（ホセア1：10）。

お前らは異邦人だ。まさかイスラエルの民であるはずがない。馬鹿をいうな。という人たちはこの預言を読んでみてほしい。

この旧約聖書に書かれているホセアの預言は、私たち日本人にとって釘づけになる

ような預言である。

世界の人々が異邦人という場合は一般的に言って異教徒の別称。ユダヤ教、キリスト教において用いられる。聖書的に言えば、イスラエル人でない人々のことである。日本人の私たちが邦人という場合は日本人を意味する。異邦人というのは日本人でない人のことを指す。ここホセア書でいう「異邦人」は聖書上ではイスラエル民族以外の人々のことである。特にキリスト教世界においては、異邦人とは偶像を礼拝する民のことである。聖書に記されている神の民ではないと看做す。だが古代イスラエルの十二部族は偶像崇拝をしていたので滅びたがゆえに、名目上は選民であっても実質的には異邦人であった。パウロが新約聖書でユダヤ人に向かって書いている。

「もし律法を守るなら、割礼には価値があります。しかし、もしあなたが律法にそむいているなら、あなたの割礼は、無割礼になったのです。もし割礼を受けていない人が律法の規定を守るなら、割礼を受けていなくても、割礼を受けている者とみなされないでしょうか。また、からだに割礼を受けていないで律法を守る者が、律法の文字と割礼がありながら律法にそむいているあなたを、さばくことにならないでしょうか。外見上のユダヤ人がユダヤ人なのではなく、外見上のからだの割礼が割礼なのではありません」（ローマ2：25〜28）は、実に神はことば上だけの上辺を見るお方ではなく、実質的な行いが伴わない場合は信仰生活上において意味なしと裁かれるお方である。

また神の民イスラエルには人類救済のためになさねばならない責務もあった。選民はただ選ばれた特権階級ですよ、などより重い責任があった。異邦の民ならば少なくとも選民として課せられている務めをボイコットすることもできるわけである。また私たちには無理だと引き下がり謙遜を装って尻込みすることもできる。

であるが、その任務は私たちが負うのだと受け止めて、自らの罪を悔い改め、偶像から離れて神の民であったと目覚めて正しく自信をもって生き始めることもできる。

まさに「ビジョンなき民は滅びる」のである。


日本はビジョンを持たずして滅びるか、それとも新しいビジョンを抱いて国民一人一人が心を新たにし世界に貢献する道を進むのか。

選民であるなしにもかかわらずビジョンは持たねばならない。

だが、選民でない場合「イスラエルは救われる」と明記している聖書の預言とは無関係となるのも預言である。

ある牧師が「異邦人がユダヤ人に与えられた約束を自分たちのものだとするのは、傲慢としか言いようがない」と言った。それに賛同するお偉い先生方が数多くおられるようだが、一考されることをお薦めしたい。どこからどう見ても異邦人であるとみなされる民族であろうと、自らの罪に目覚め神の使命に燃えて私たちこそ失われたイスラエル民族であるとして、たとえ間違って（自分勝手にそう思って）たとしても、全霊全身をもって全世界の救いのために立ち上がったならば、先生方はそれこそ神にもっと褒められると思われないのだろうか。

逆の考え方をするとしよう。現ユダヤ人が偽ユダヤ人であるとするなら（現ユダヤ人が勝手に自分でそう思って）パレスチナのイスラムの人々と平和に過ごす道を選ばず、争いの真っ只中にいる宗教的理念の塊となっているのをどのようにお考えになるのだろうか。それが批判の対象にならないのはどうしたことなのだろう。

ユダヤ人自身が我らこそ神の民だと世界に宣言し、隣国との平和を作り出す最大限の努力をせず隣人を愛する政策をとらないのを傲慢だとどうして仰らないのだろう。地球という電車の中でいじめられている人を救うべき務めを担った車掌が手をこまねいている間に、一人の青年が立ち上がり、いじめられている人を救うならば、それを立場をわきまえない傲慢な若者というのは道理に合わない。

そうとはいえ、ユダヤ人は神の配剤の中で人類の祝福となっているのは、大いなる御手の意志があったというほかない。特に知的分野においてノーベル賞の三分の一をユダヤ人が占めている。世界の人口は七十八億七千五百万人、そのうちユダヤ人はたった千五百万人の少数であるにもかかわらずである。

ユダヤ人はメシアが来られた時全世界が平和となり、その時異邦人への祝福が始まると信じている。異邦人世界にあって、政治、経済、金融、文化、科学、医学、教育分野などに多大な影響を与えている。異邦人への恩恵は計り知れない。

2. 類似の証明であるDNA

古代イスラエルに見られた数々の事柄と日本で培われてきたものとの間にある類似性はかなりの数に上っている。聖書に親しんでいるはずの日本人クリスチャンがその不思議さに少し疑問を持ったとしても、まじめに取り上げようともしなかった。著名で活動的な牧師がふと私に漏らしたことば、「忙しすぎて学ぶ時間がなかった」が本音であろう。歴史的事実であるはずがないと頭から決めつける。聖書を学ぶ者にとって怠慢と言われてもしかたがない。私も牧師として最初の三十年間は不思議なことだと思うだけであった。確かにそれ以上何もしなかった。まして聖書を読んだこともない人にとってはまったくの門外漢であろう。

さて類似性を見てみよう。同じ両親から生まれた兄弟であると証明するのに、類似性は当然である。たった一つの科学的根拠があるなら充分兄弟である立派な証明になる。他民族すなわち外国からやってきた風習が定着しその国の各地に根付くことはない。宗教が伝わり定着するかもしれない。しかし他国に根づいた風習、習慣、伝統は輸入されない。日本に根付いたテーブルと椅子は生活上の利便性が働いたせいと言える。仏教がインドから入ってきて千数百年になるがインドの風習は日本にはない。両手を合わせて挨拶はしない。中国に長くいた日本人遺児が日本の両親との涙の対面をし抱き合う。ことばが違う、服が違うなどを取り上げてその抱擁は間違いだと言うならお門違いも甚だしいだけでなく心がない。

異質性をなぜ考えない？　という人もいる。しかしこれは同じ両親から生まれた兄弟であると証明するのに何の妨げにもならない。

一つの科学的根拠の証明となるＤＮＡを見てみよう。

日本人がイスラエル民族に関連していることが判明し始めてきた。二十一世紀を迎えひときわ話題に上り始めた。Ｙ染色体は性染色体の一つ。正常な雄個体ではＸ染色

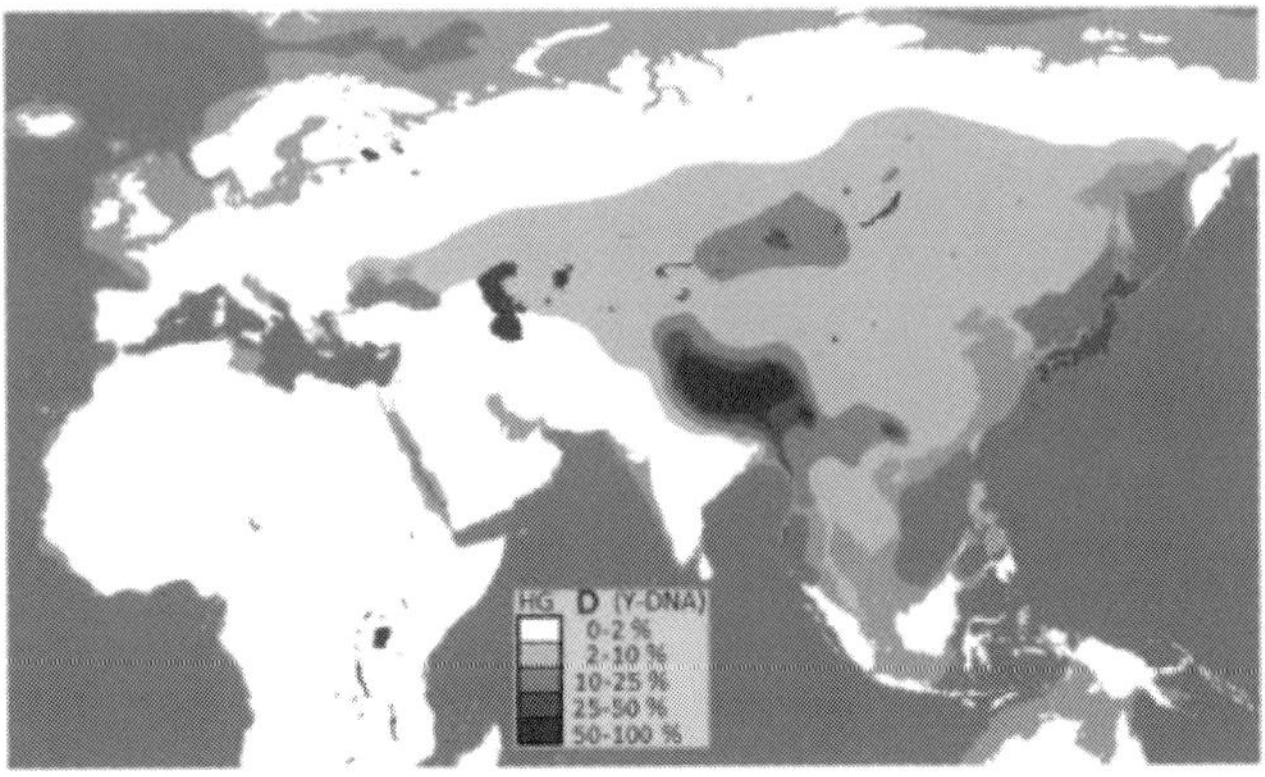

ハプログループD（Y染色体）の分布図

体と同時に存在し、正常な雌個体には存在しない性染色体をY染色体と言う。そのY染色体のDNA（遺伝子）は、父親から息子へ、男系でのみ伝えられる。日本人（男性）の約三五〜四〇パーセントがハプログループD（D系統）である。この「D」系統は日本、チベット系民族やアンダマン諸島（インドの東のごく少数民族）のみに多く見られる。DはYap（ヤップ）系で、その配列がEのユダヤ人と近縁同祖。両者は他にないYapと呼ばれる特殊な遺伝子配列をもっている。両者はかつて、「ハプログループDE」として一つであったが、昔、中近東で分かれた。この「E」は現在のユダヤ人、シルクロードの古代イスラエル人の子孫、アラブ人、エジプト人、エチオピア人に高頻度でみることができる。

特に十部族がいたサマリヤのレビ族の祭司（男系）は「E」だ。

（月刊レムナント誌二〇二一年十一月号、DNAで見る日本人）

日本に住む日本人男性四〇パーセントの人たちが「D」系統であってイスラエル系であったとしても、列島には中国、韓国、琉球等からやって来た人たちが多くいた。その数はわずか百万人にすぎなかった。それぞれの民族に従って集落を形成していた。紀元前二世紀から紀元三世紀にかけ、そのところに非常に優れた集団が数度にわたってやってきた。そのところで自分たちが先祖から受け継いできた文化を普及させた。その文化の基本が「国体」である神道、天皇を戴く皇統であった。稲作の発展、鉄器の普及、土木技術、絹、金属加工、繊維技術、交易が著しく向上した。渡来人の持ち込む前の自分たちの文化の保持よりは、新しく移民して来た人たちの文化を取り入れることに素早かったのである。たちまちにして「国体文化」に統一してしまった。

古い体制は刷新され、日本の形が整い始めていく様が見える。それは新しい民族の構成だった。渡来以前のそれぞれの民族の面影は影を潜め、新しい日本人として混血していった。軍隊に例えれば、多国籍軍のようであったが、すぐに渡来人がもたらした新しい文化がより発達し、定着化していった。技術と高度な精神性を持った人たちの指導と統制の下に新しい日本人としての日本国家の胎動である。

その時期を素早く通り過ぎ成長期に入っていく過程は、飛鳥時代が語る様々の事象によって明らかである。そのところでは中国人でも韓国人でもなく、、日本人としての独特の形が整っていった。

日本人がこれまでに培ってきた「国体」は、すなわち日本という他国には見られないアイデンティティーを形造ることになった。本人は自覚してはいなかったかもしれない。これこそ律法が言わんとしている意義を実験した結果である。二千数百年の年月をかけ強固に保持してきた律法の原則、旧約聖書の思想、神が宿られる神殿の面影の定着である。神道がもつ形式、儀式の隠された謎が新約聖書から明確にされていくのが今の時代なのだ。

神社は日本中に二万数百社ある。すべて日本人は氏子、神の子である。その神の子思想の深意は新約聖書に解説されている。

この高度な霊的宝庫、あえて言えば神的宝庫が隠されているとはいえ、その形と自然美に圧倒された先住民は、そのまま素直に受け入れ「日本人」になっていった。新約聖書のイエスを信じる信仰によって、日本の旧約が救いの成就に連なる。この思想が偶像化された部分があったとはいえ、一つの島国の一つの民族性となったのは事実、今日の日本の正直な姿である。これもまた当の本人が自覚しているかどうかは、別問題であるが……。

「異邦人の祝福となる」イスラエル全家は、東の果ての島々の国で、その子孫が異邦人の初穂としての役目を果たす。日本という狭い枠の中で、イスラエル系も異邦人もほとんど見分けがつかないことはその証明であってそれ以外の何ものでもない。ユダヤ人が果たせなかった「異邦人の祝福となる」約束を、二千数百年にわたって実験し証明してきているからである。アブラハムへの約束が、日本という国において実現された最大の証明は、「和」である。聖徳太子が国家体制を整えるにあたって、憲法十七条を制定した。その第一条が「和をもって貴しとなし、さからうこと無きをむねとせよ」なのだ。

イエスは言われました。「平和をつくる者は幸いです。その人たちは神の子供とよばれるからです」（マタイ5：9）

3. 複雑な構成要素を持つ日本人の起源

『日本人はどこから来たか』（講談社現代新書）の著者樋口隆康氏は、日本人はどこから来たかを追求するためには日本文化の起源を重視しなければならないという。一八二三年ドイツ人医師シーボルトが日本に来て、彼は日本の古代はアイヌが日本全土に住んでいたと言った。石鏃《せきぞく》と勾玉《まがたま》の考古学的検証により石器時代にアイヌの石鏃と神武以降の勾玉が日本人の制作という説を述べた。一八七七年アメリカの学者エドワード・S・モースは大森貝塚を発掘し、プレアイヌ説を提唱。この両者は日本に先住民がいたことについては一致している。

日本人混血説がある。ドイツ人エルヴィン・ベルツが一八七六年から一九〇五年までの滞在中に、1.アイヌ型、2.満州、朝鮮型、3.モンゴル、マレーシア型の三種の混血を唱えた。彼が調べた体型云々が正しければ、今の日本人を調べこの三十年間で十センチも足が長くなっている私たちを見てどういうのだろうか。専門的に顔の形とか体型、髪の色などで証明できるというのも、疑わしいとどの学者も共通した見方である。床に座る風習が百年もいや何千年も強いられた民族と、椅子とテーブルの生活様式の民族、また生活上の相違等が体型や顔つきまで変えていく可能性についての諸説は入り乱れている。さてこれらに深入りすることは混乱を招くので古代の史実を見てみよう。

日本人の人類学、考古学、民俗学の開拓者的存在の鳥居龍蔵氏は日本に最初に渡来したのはアイヌだという。その先住民の後に現代の我々の先祖である人々が、大陸の朝鮮、満州沿海州あたりから移民してきた。またフィリピン、台湾、ボルネオ、スマトラの原始マレー系のインドネシアにいた人は黒潮に乗って南方から九州に上陸した。しかし、これらが日本人の起源をすべて言い表しているとは言い難いとしながらも、視点は同じである。東京大学理学部教授、埴原和郎氏（『日本人の起源』朝日選書）は日本人は均質的な民族ではなく複雑な構成要素をもつ集団であるという。彼のことばを借りて総括するとすれば、日本国籍を持つ人たち、日本列島に住んできた人たち、縄文時代以降共通の人種系統に属しかつ日本独特の文化を共有する人々の集団が日本人ということになる。

4．古事記・日本書紀の言わんとすること

この記紀両書は日本国が正式に編纂《へんさん》した最も古い書である。日本国の存在意義と統一性を確固たるものとするために作成されたものである。多くの場合、武力で勝ち取

って勝利した側が、身勝手に編纂する国書であるならば、あまりにも現実離れした物語の羅列である。ゆえにこれらの書物が何を言わんとしているかを探り知る知恵を求めなければならない。なぜなら歴史をその掌中に収めておられる神の御手を軽んじないために。

古事記にイザナギ・イザナミの二神が登場する。

「天の神様方の御世でイザナギ・イザナミはこの漂っている国を整えてしっかり固めようと言って、立派な矛を差し下ろしてかき回し引き上げられた時に、矛の先から滴る海水が積もってできた島がオノゴロ島です。その島にお降りになって大きな柱を立てて、大きな御殿をお建てになりました」

これは私たちの国日本の成り立ちとして描かれている。このところから私たちは何を引き出して私たちの国の成り立ちを考えるのか、それぞれの観点を研究しておられる方々にお任せしなければならないであろう。意味深い国の成り立ち（参考①）であることは確かである。

参考① 二〇二〇年八月にヒカルランド社発刊の『古事記と聖書』（畠田秀生著）に、古事記の中に含まれた、霊的かつ聖書的意味の含意《がんい》を読み取っていただけるかも知れない。

5. イザヤ書の預言と警告

イザヤが預言をいただいたのがおよそBC七六〇年からBC七一二年頃。

「見よ。まことにわたしは新しい天と新しい地を創造する。先のことは思い出されず、心に上ることもない」

これを新しい国と解釈することは、イザヤがいた時代背景と照らし合わせるならあながち荒唐無稽とは言い切れない。北朝が滅亡し、南朝のエルサレムもバビロンの侵攻による崩壊寸前にあった。それを預言したイザヤは、神殿の宝物も契約の箱も奪い取られると預言し警告した。その時イザヤとイザヤの妻ナオミ、そして神を信じる者たちの群れとともに、東を目指して脱出したと考えるなら、世の終わりの現在のイスラエル全家回復成就につながる。彼はその新地である場所を地の果てと言い、日の上るところ、島々の国であると語り、世の終わりに喜びの声を上げて戻ってくると語った。

6．千年王国が成就されるところ

新天新地を正確に聖書から理解するならば天国のことである。天国以前の千年王国（ミレニアム＝預言黙示録二十章にある神の国）は、この地上で成就されるところである。イエスを信じる者たちが将来滞在する場所である。現実に我々の住むこの世の国を造り国境を定め、それぞれの文化を形成することを意図されたのは現世の地球上での神のみこころであった。その時代と時代考証から新天新地を捉えるならば東の果ての一つの国の興りに手を下した人がイザナギ、イザナミという名前であることは、偶然の一致とするのか、意図的に古事記に記されたのかは、後の世である次の世にならなければわからないことかもしれない。

日本国名の「ヤマト」も「ヤシマ」もヘブル語では「主が設置された」の意味である。その昔、秋津洲（アキツシマ）、敷島の大和（シキシマノヤマト）、大八洲（オオヤシマ）、豊葦原の国（トヨアシハラノクニ）、細戈千足国（クハシホコチダルクニ）と言った。ちなみに「いつまでも続く」はヘブル語で「ヤマト」である。

川守田英二博士の研究結論を見ると「イザナギ」の尊の意義は「イシュアナギイド」日本語に訳して〝救い給えダビデの王統を〟である。イザナミの尊は「イシュアナミ」〝救い給えナミの家を〟である。「ナミ」は、ナオミでダビデ王の祖母の名である。イザナギが日本国王統の根源と、イザヤが新天新地を預言したことに関連性が見える。この実現性は日本人として聖書の神信仰者となる天からの啓示によるのではないだろうか。

7. 天地創造と国生み……禊は洗礼

古事記の冒頭にある次の記述はまことに驚天動地である。

「天地が初めて現れた時、高天が原に成ったのは天之御中主神《あめのみなかぬしのかみ》でした。間もなく高《たか》御産巣日神《みむすひのかみ》、続《つづ》けて神産巣日神《かみむすひのかみ》が成りました」

そして続きがさらに驚きである。その三柱《みはしら》の神は独りだという。

「この三柱の神はいずれも独神《ひとりかみ》で、すぐに身《み》をお隠しになりました」

世界最古の書である『聖書』と古事記を同等に扱うにはそれぞれの国の成り立ちや

神話の立場を考慮する上で問題提起される懸念はあろう。それにしても私個人の考えとしてこの三柱の神は聖書のいう「三位一体」と読み取れるのである。表現の仕方が違う一つとして独身の神と読むのか、一人と読むのかの相違があることは承知している。聖書を神話の一つとして読み取る偉い方がいることも承知している。聖書の天地創造、マリアの処女懐胎、イエスの復活は事実でなくて神話だと公表する先生方もいる。古事記を事実として捉えないように聖書も事実でないと捉え、いのちを危険にさらして平気な人もおられる。ことは信仰に関わることであるからたましいの信仰による道への尊厳を冒してもらいたくない。もう一つ古事記はこの三柱の神は身《み》をお隠しになりました、とあるように目には見えないと記している。

話が横道に逸れそうになった。

その時、大地はまだ若く、水に浮かぶ脂《あぶら》のように「海月《くらげ》のように漂っていた」この海月なすという表現は、天地創造について旧約聖書創世記一章二節に「地は茫漠《ぼうばく》として何もなかった」と記されていることと何ほどの違いも見当たらない。

天地創造の様子の類似記載が別天神《ことあまつかみ》による神代七代が成った次にいよいよ日本国建設に移る。

イザナギ、イザナミの「国生み」である。天津神の総意により、イザナギ、イザナミに「この漂っている国を修《おさ》め理《つく》り固め成せ」と命ぜられた。この東の果てに来た時は定まった主権者もなく、「国家形態」が彼らの子によって形作られていく様子がいわゆる神話として古事記・日本書紀に綴《つづ》られている。イザナギの左目を洗うとアマテラスオオミカミが生まれ、右目を洗うとツキヨミノミコト、鼻を洗うとスサノオノミコトが生まれる。これはイザナギの禊である。

この書の第三章「伊勢の神宮とイスラエルの幕屋」にも少し記したが、毎年一月四日神宮の五十鈴川で禊をすると聞く。その伊勢の神宮から紐解くことにする。伊勢（イセ）という発音は、アラム語でイエスである、と前述の川守田英二牧師は『日本ヘブル詩歌の研究』（八幡書店）で述べている。アラム語というのは、イエス・キリストが話していたことばで、十字架上のことばとして福音書に記されている「エリエリレマサバクタニ」（なぜわたしをお見捨てになったのですか）はアラム語である。「イエス」はヘブル語ではイシュエ、ギリシャ語ではイエスース、英語では、ジィーザスである。二〇一六年G7サミット会場に決定した伊勢志摩のシマはヘブル語で国とか土地とかいう意味。

伊勢神宮に流れている清流は、五十鈴川（イスズガワ）と呼ばれているが、古くからの本来の呼び名は、イスス川である。〝いすゞ〟とは濁らない。ギリシャ語はユダヤ人が日常話していたことばであった。「イスース」とそのところに流れている川の名として使っていた名残りであろう。その川で二千年にわたって禊《みそぎ》が行われている。禊とは、全身を川の中に浸し、水から上がってきて身も心も清めてもらう儀式である。過去に犯した罪を赦され、新しく生きて行く意味ならば、聖書の言うバプテスマそのものである。ヘブル語で「メイ」は水、「ソギ」は流れる、行くという意味。旧約聖書の清める水の性質は、泉の水、滝の水、川の水であって淀み、溜まっている水であってはダメなのである。ノアの通過した水（洪水）は、ものすごい荒れ狂う水であった。

日本の国の成り立ちが禊によるとするならば、キリスト者の水による洗礼と同意である。ちなみにこの水で身を清める風習はイスラエル十二部族にあるが日本人の先住民族と言われているアイヌ民族にはない。この禊によりヤマトの国が生まれた。新しいいのちのアマテラス、ツキヨミ、スサノオが生まれたからでる。このことは、ユダヤの国で旧約最後の預言者バプテスマのヨハネが悔い改めのバプテスマを授けていたところに源泉がある。新しい人生の始まりそのものである。

日本という新しい国が罪の赦しと清めである洗礼（禊）、水の洗いを契機として成り立ってきた。

第十四章　日本の神々

1．イザヤとイザナギノミコト

　ことばというものは時が流れ場所が離れていくにつれて徐々に変化する。そのような例には事欠かない。方言などはその良い例だ。言語が訛っていく過程には語首省略的なものと語尾省略的なものがある。ヘブル語のナギイドは、指導者、統治者である。語尾省略法を取りドを省略してナギイの日本語の意味は政治的統治者、「ナギ」を「イザヤナギ」とすると、宗教的リーダー「禰宜《ネギ》」であるからイザナギは文句なしのイザナギとなり、宗教的統治者、政治的指導者となる（川守田英二牧師著『日本ヘブル詩歌の研究』八幡書店から)。
旧約聖書の預言者、イザヤがどんな時代に生きていたかを見ることにしよう。彼の少し前に北イスラエルに預言者アモスがいた。彼は北イスラエル、南イスラエルを責め戒めた。まるで現代の世相である金欲、色欲、暴力がはびこっていた。
「彼らは金のために正しいものを売る」(アモス2:6)。
「父と同じ女のところに通ってわたしの聖なる名を汚している」(アモス2:7)
「彼らは自分たちの宮殿で暴虐と暴行を重ねている」(アモス3:10)
「弱い者たちを虐げ貧しい者たちを迫害し、自分の主人たちに、『何かを持ってきて、飲ませよ』と言う」(アモス4:1)
しかしその時代の人たちは悔い改めようとせずアモスに次のように言わしめている。「それでもあなたがたはわたし(神)のもとに帰って来なかった」と嘆きの声を四章の中で五回もあげさせた。聖書の中でも多くの人の胸を打ったことば「あなたはあなたの神に会う備えをせよ」はアモスの警告である。
北イスラエルはBC七二二年に預言者のことばに耳を傾けなかったために、アッシリアに滅ぼされた。聖なることへの無関心は、その時代だけのものではなく、今も同じである。ロシアがウクライナに攻め込んだように、いつ隣国がミサイルを撃ち込むかわからない時代に私たちは生きている。南イスラエルの預言者ホセアがその時代に警告した。

「この国は主を見捨ててはなはだしい淫行にふけっている」（ホセア1：2）

「イスラエル（北朝）よ。あなたは姦淫しても、ユダ（南朝）に罪を犯させてはならない」（ホセア4：15）

しかし彼らは、飲酒にふけり淫行を重ね彼らの淫《みだ》らなふるまいで恥を愛した。

イザヤは北朝に神の裁きが下ったのを見ていた。先人たちの預言者の叫びを耳にし、ウジヤ王の死んだ年BC七四二年、青年イザヤは神から「行け」との声を聞いた。「私がここにおります」と応答したイザヤはどこへ行ったのか、興味深いところである。

2. イザヤ東漸

イザヤは何年か後に東に向かって長い旅をしたと考えられる。彼の書の中で東の地の果ての一つの国のことを書いている。ソロモンの時代に、王はヒラム船団、タルシシュ船団がインド産の孔雀、スリランカの真珠、東南アジアの珍しい尾長猿などの交易品を取り扱っていた。三年に一度寄港し、金、銀、宝玉、象牙を運び（第一列王記十章二二節）、王の栄華を支えていたことをイザヤは知っていた。

タルシシュ船団が日本海流（黒潮）に乗ればそれこそ目を閉じていても日本列島に辿り着く。もちろん陸路もすでにあった。

ラビ・マーヴィン・トケイヤーは古代シルクロードを支配していたのはユダヤ商人であったと述べている。絹の交易が主体であり、ユダヤの絹商人は紀元前二五〇〇年より前の殷、周時代からこの道を通っていた。彼らがシルクロードに現れたのは紀元前三〇〇〇年のアッシリア時代と言われている。九鬼文書《くかみもんじょ》を調べた佐治芳彦氏によればイスラエル人東漸があったのは、紀元前三五〇〇年でありモーセの時代のはるか以前だからソロモンのはるか以前だと言う。

3. 古事記・日本書紀編纂以前のイスラエル

リニア中央新幹線はほとんどトンネルだという。両端から掘り進むと同時に立坑を掘った際の鉄筋コンクリート製の仮壁に向けてシールドマシンを据え付ける。トンネルの東端の歴史書である我が国の書はＡＤ七二〇年に編纂された。西端のイスラエル民族が著わした書、聖書の記事で話題にしてきた時代はＢＣ七〇〇年からＢＣ五〇〇年までだから時代が合わないというのは早計だ。なぜなら日本側の書は伝承されてきたものを編纂したのだから合わないのは当然である。

宮下文書、九鬼文書などの古文書はここでは省かせてもらうが、日本の神話の初代神武即位とイスラエルの滅亡とは同時代であることからして不思議にトンネルの両端採掘時が合致する。

イスラエル側を掘り起こしてみよう。イスラエルがエジプトを脱出してカナンの地を目指した。モーセは幕屋を建て、その中に契約の箱を置き、先頭は東側のユダで西側にエフライム族、その後衛にダン族と理路整然と並んで宿営を出た。その列は秩序正しく、その時はイスラエルの民がエジプトを出て二年目の二月二十日である。軍団長はアミナダブの子ナフション、イッサカル部族、ゼブルン族というふうに。契約の箱が先頭に立った。（民数記十章に詳しい）

契約の箱が出発する時には、モーセは次のように言った。

「主よ。立ち上がってください。あなたの敵は散らされ、あなたを憎む者は、御前から逃げ去りますように」（民数記10：35）

またそれが留まる時に、彼は言った。

「主よ。お帰りください。イスラエルの幾千万の民のもとに」（民数記10：36）

イザヤは先人がやったように同じく、信仰をもった仲間たちと共に、歳老いていたかもしれないがユダの南朝エルサレムを逃れて東に向かって旅立ったのではないだろうか。モーセがカナンの地に入る前に斥候を遣わせて調べさせたように。東方の日の昇る国を調査した上で。

しかし東漸はまだだった。「いつまでですか？」とイザヤが言うと、主は仰せられた。「町々は荒れ果てて、住む者がなく、家々も人がいなくなり、土地も滅んで荒れ果て主が人を遠くに移し、国の中に捨てられた所がふえるまで。そこにはなお、十分の一が残るが、それもまた、焼き払われる。テレビンの木や樫の木が切り倒される時のように」

十分の一が南朝、十分の九がアッシリアに滅ぼされた北朝である。BC七二二年であった。民が他国の侵略によって滅ぼされる時まで待てと言うのである。今まさにその時が訪れた。

イザヤは知っていた。エフライムを筆頭とした北朝がアッシリアのサルゴン王によって不信仰のゆえに滅亡したことを。南朝も風前の灯であった。彼が召しを受けて四十年後ヒゼキヤ王に仕えていた時、決定的な事件が起こった。

4．イザヤのクリスマスの預言

「しかし、その中に切り株がある。聖なるすえこそ、その切り株」（イザヤ6：13）
イザヤは「切り株」の意味を知っていた。約六百年後の紀元前四年イエスが処女マリアより生まれる。「見よ。処女がみごもっている。そして男の子を産み、その名を『インマヌエル』と名づける」（イザヤ7：14）。
「ひとりのみどりごが、私たちのために生まれる。……主権はその肩にあり、その名は『不思議な助言者、力ある神、永遠の父、平和の君』と呼ばれる」（イザヤ9：6）。「エッサイの根株から新芽が生え、その根から若枝が出て実を結ぶ。その上に、主の霊がとどまる」（イザヤ11：1、2）。

このように希望の預言をしたイザヤが、ヒゼキヤ王の高慢のゆえに南朝ユダが滅びることを知っていたのに、見て見ぬふりをし傍観していたとは考えられない。その時一大事件が起こった。ヒゼキヤ王三十九歳の時不治の病に襲われたが奇跡的に治った。その時に喜びのあまりにバビロンの王メロダク・バレアダン（BC七二二年即位、BC七一〇年アッシリアのサルゴンによって追放）が全快のお祝いに使者を遣わした。その時有頂天になったユダの王ヒゼキヤは宝庫、銀、金、香料、高価な油、一切の武器倉、宝のすべてを見せたのである。それらすべてバビロンに運び去られるとイザヤは預言した。

イザヤが新しい地に行けと神の声を聞いてから四十年目である。「日の出る所から、わたしの名を呼ぶ」（イザヤ41：25）。「わたしは東からあなたの子孫を来させ西から、あなたを集める」（イザヤ43：5）。「地の果てのすべての者よ。わたしを仰ぎ見て救われよ」（イザヤ45：22）。

地の果てにいる日本人に向かって全能の神、イエスの父である歴史を司る神が二千六百年前に預言せられたことばで現代に生きる私たちに、「日本人よ」と呼びかけているようだ。

「日の上る方では主の栄光が恐れられる。主は激しい流れのように来られ、その中で主の息が吹きまくっている」（イザヤ59：19）は、未来を見据えて日本人の上に神の息が吹いている状況を見る思いである。

そして初回クリスマスの時が来た。東方の賢者がユダヤの国で王が生まれたのを星に教えられて、二年の旅をして到着した。東に神の子の誕生を祝った賢い人たちがいた。終末の時、イエスの再臨直前、再び日の昇るところで神の栄光を恐れる人々が現れるのが今なのである。

5．日の町イルハヘレス

旧約聖書イザヤ書十九章十八節に日本の町が描かれている。文語訳で読む。「その日エジプトの地に五つの町あり、カナンの国のことばを語り、また万軍のエホバに誓いを立てん。その中の一つは『日の町』と唱えられるべし」とある。

カナン語はヘブル語である。日の町は太陽の町の意味である。新改訳でイルハヘレスは滅亡の町という意味として注解されている。しかし、これは滅ぶべきところが神の救いに与《あずか》るという意味を強調している。エジプトはこの世を象徴する語である。五つの町は五大陸にある五つの権力を握っている国々のこと。日の町は日本のことである。後世の呼び名がすでに預言者のことばの中にあった。その国の言語はなんと千二百余が古代ヘブル語から派生しており、二百三十余の詩歌があるという。（川守田英二氏の『日本ヘブル詩歌の研究（下巻）』八幡書店）

日本の神の道が古代ヘブライの神の道と共通していると唱えたヨセフ・アイデルバーグ氏は、三千以上の古代日本の大和ことばがヘブライ語を起源としているという。中田《なか》重治《だじゅうじ》牧師（キリスト教初代日本ホーリネス教会監督）は日の町とあるのは一つの国と看做すべきで、日の丸の国旗を揚げる日本でなくてどこの国を指すのかと言った。

6．ハレルヤは晴れるや

かの昔、日本黎明時六〇七年、聖徳太子は中国の隋の煬帝《ようだい》に手紙を送った。

「日出づるところの天子、日没するところの天子に挨拶を送る。つつが無しや」

日出づる所はエジプト流にケプリ（創造）で、日没の所はアトン（完成）である。そうであるなら隋の煬帝は機嫌を悪くすることはなかった。聖徳太子はそのあたりの意味を知って手紙を出したとするならば、恐るべき知恵者という他ない。その所では、まだ日本という国名は使われていなかった。日本のことを倭国《やまと》と書き蔑視していた。しかし日本はその時、ヤマトと自らを名乗っていた。

日本こそ日出づる東の端の国である。世界に通ずる常識である。太陽の輝くことをヘブル語で「ハレル」という。その意味から「栄光あれ」であり、晴れの場所は「栄光の場所」となる。そのまま日本語「晴れる」となる。

「ヤ」はヘブル語では神、ハレルヤー！　は、「神こそ栄光あれ」であり、日本語の神こそ晴れる、神こそ立派！　となる。

大和《やまと》ことばを話していた日本の神々が、誇り高き先祖であり、神道を保持し続け、万世一系皇統百二十六代綿々と悠久二千六百八十三年の間、聖書の中に隠された神秘の扉を開く人々が住む国、まさに我らの国日本である。

第十五章　キリストによって培われた敬天愛人

1．サウロの人生の転換

人は生きてきたようにしか死ねない。世界の人々の胸中に万感の思いを生じさせた死を自ら選んで成し遂げた人がいた。イエスである。その辞世の句が七つある。そこには恨みもつらみもない。苦しみのきわみにあって、最初のことばは、「父よ。彼らをお赦しください。彼らは何をしているのか自分でわからないのです」であった。

自分を処刑する者へのこのことばは、巨大地震の後の津波のように全世界を襲った。二千年前のことである。その時ユダヤ人サウロという若者は、イエスを信じる者への迫害の手を伸ばした。自分の宗教信条に敵対する者たちを捕らえて牢に入れていた。その最中に彼はそのことばに出会う。人は不思議な方法で人生の転換をするものである。死生観の逆転である。彼はのちにイエスを主と告白して次のように言った。

「もし死ぬなら、主のために死ぬ。生きるにしても、死ぬにしても、私たちは主のもの」（ローマ14：8）。

自分の民族のために次のようにも激白した。

「私の同胞、肉による同国人のために、この私がキリストから引き離されて、のろわれた者となることさえ願いたい」（ローマ9：3）。

このユダヤ人は律法の掟を堅く守る人であった。自分の信じる宗教に熱心な人でもあった。彼の人生はモーセの教えに浸り切ったものであった。イエスを信じた後もその信条はなんら変わらなかった。なぜならイエスはモーセの律法を否定しなかったし、むしろ律法を成就された方であったから。以下イエスの使徒となったユダヤ人パウロのことば。

「私はキリストとともに十字架につけられました。もはや私が生きているのではなく、キリストが私のうちに生きておられるのです」（ガラテヤ2：19、20）。

「いつでもイエスの死をこの身に帯びています」（第二コリント4：10）。

「私にとっては、生きることはキリスト、死ぬことも益です」（ピリピ1：21）。

2．浅野内匠頭の辞世の句

「風さそう花よりもなお我はまた春の名残をいかにとやせん」

風に誘われて櫻花は散るがその花の心はいかなるものか。この辞世の句は残った四十七人の死をもって日本人の心を湧き立たせたものとなった。

その筆頭家老大石内蔵助、四十五歳の辞世の句

「あら楽し思いは晴るる　身は捨つる　うき世の月にかかる雲なし」

堀部弥兵衛、七十七歳

「雪はれて　思いを遂ぐる　あしたかな」

潮田又之丞高教、三十五歳

「武士道《もののふのみち》とばかりを一筋に　思い立ちぬる　死出の旅じに」

萱野三平、二十八歳

「晴れゆくや　日ごろこころの花曇り」

この四十七名の結びつきである絆が家族、親族の間に実に深くあったかを教えてくれる。父子十組、兄弟六組、従兄弟三組、おじ甥五組（十三名）。死に行く瀬戸際にあって、血縁と信条の一致がもたらす力と充実感を持って魂に迫り来るものに今一度目を留めてみたいものである。死生観を今一度心に問いたい。

3．新渡戸稲造の武士道

武士道を全世界に知らしめた名著である。平家の凋落《ちょうらく》を詠《うた》った兵《つわもの》どもの夢の跡のように、武士道は日本で桜が散るように散ってしまったのであろうか。新渡戸の予告したように、また平成の世で「武士道の電力は残っているのか」と嘆いた司馬遼太郎のようにその光は掻き消されてしまったのであろうか。新渡戸がその序文に述べているが、日本文化の根底に流れているもののルーツを、明確に言い当てた人に私はまだお目にかかっていない。

ベルギーの法学者が彼に尋ねた。

「日本の学校に宗教教育は無いと言うのですか」

「ありません」と新渡戸。すると教授は驚いて歩みを止め、

「宗教なしとは！　道徳教育はどうして施されるのですか？」

新渡戸は即答できなかった。

彼の妻マリー・パターソンも日本の道徳観念の正邪善悪が武士道から生じていると夫が見出した時、日本ではなぜこういった考え方や習慣が行われているのですかとの質問をしている。武士道は日本という木の中に流れている樹液である。この樹液は、他の国にはない色をしている。その色がとめどもなく白に近いのは、聖書の黙示録に登場する天の御国の兵士たちの色が白いからである。

「天にある軍勢はまっ白な、きよい麻布を着て、白い馬に乗って彼につき従った」

（黙示録19：14）

ラストサムライだと称される西郷隆盛は武士道を生きた人であった。

「いのちも要らず名も要らず位も要らず金も要らずという人こそ、もっとも扱いにくい人である。だがこのような人こそ人生の困難を共にすることのできる人物である。またこのような人こそ国家に偉大な貢献をすることのできる人物である」

忠実に自らの精神に仕えた彼の思想は「敬天愛人」であった。それは日本人の内面的に培われたキリストからのものであると内村鑑三はいう。その思想は決して人の内

にある思想から生じたものではない。勉強したり哲学を究めて理想の形として人の思いつきから芽生えたものでもない。たとえ思想として考え出されたとしても、陽明学説のように知行合一とはいかない。人は自分を愛するが隣人を愛する愛にはいたって醜さと不純が見え隠れする。それを打ち砕き愛を隣人と分かち合った人たちがいた。二千年の歴史上で実験し証明してきたのは白い馬（参考①）に乗った人につき従った者たちであった。殉教したステパノ、イエスの弟子であったヤコブ、ペテロ、また殉教ではないが修道院を出て、カルカッタのスラム街の中へ入っていったマザー・テレサを見よ。アフリカの探検家リビングストーンを見よ。塩狩峠で自分のいのちをかけて多くの人を助けた国鉄職員、長野政雄（参考②）を見よ。数えきれない人々が自らのいのちを投げ出し、主であるキリストに忠実であろうとして喜んで死んでいった者たちを見よ。

参考①　（白い馬）「また、私は開かれた天を見た。見よ。白い馬がいる。それに乗った方は、『忠実また真実』と呼ばれる方であり、義をもってさばきをし、戦いをされる」（黙示録19：11）。

②　（長野政雄）自ら乗車した汽車が暴走したためにそれを阻止せんと己が身体を鉄

路に投げ出し列車を止め乗客を救った。

4．ニュルンベルク裁判と東京裁判

死に直面した時の日本の色とドイツの色を見極めたい。先の戦争で同じく敗れたこの二つの国の戦犯の態度から大和魂の色を感じ取ることができる。戦争そのものを云々するのではなく彼らの死への旅路の過程から人がどうあるべきかを学び取りたい。ニュルンベルク裁判は東京裁判の二ヶ月前であった。ゲシュタポの生みの親、ゲーリング（参考①）は死刑執行前夜、獄中で自殺。二十二人の戦犯に際立っていた特徴は「呪い」であったという。ある者は毒づいた。

「アメリカの法廷など尊敬するものか」

他は裁判中に罪をなすりつけあったという。上からの命令であったと告発するのが目的だった。

自分の野望が灰燼に帰したので絶望したのか、自らの死体の痕跡も残させなかったヒットラーの最期に私たち日本人は虚しさを禁じ得ない。判決内容が読み上げられている時、戦犯たちの暴言だけでなく、ある者たちの失神した様子を見た海外報道陣は日本の東京裁判の様子を興味津々として見守っていた。東京は違った。彼らは判決後に全員静かにレシーバーを外し軽く会釈をして退場したのである。

日本の一人の文官と六人の軍人の死顔は、時の教誨師《きょうかいし》花山信勝《しんしょう》氏によると皆笑顔を湛えていたという。執行を通告しに現れた米軍代表団に向かって、そのうちの一人、松井石根《いわね》大将は言った。「絞首刑で死ぬことは有難い。自殺などをしたら意味がない」東條英機は自らのいのちを断とうとしたのは判決を言い渡される以前であって、判決後「あなた方は警戒しすぎだ。我々は自殺などしない。立派に死んでいって見せる」と堂々申し渡している。

日本精神いまだ消えず。日本文化交流に足跡を残している竹本忠雄氏も彼の著書『ル・武士道』で述べている。「これを見て、旧敵性国家の代表たちが、一様に不可解との表明を隠しきれなかったことは文化の違いだから致しかたがない。しかし日本の新聞までもお辞儀をするのは習慣と片付けているのを見て、花山信勝氏は激怒した」と。

花山氏この人は戦犯に付き添っていた僧侶である。その時の様子を次のように述べている。「……これより前、これらの人々に接した体験によって、こうした『礼』が素直に出るものと予想していた。それは単なる習慣などのものではない。もっと深い境地のものである」（『平和の発見』より）

これを竹本忠雄氏（参考②）は次のように喝破した。

「名僧の一喝」

日本のサムライもいう。『葉隠』は語りかける。

「死だけは現在も昔も同じく存在し、私たちの生き方をじっと見つめているのだ」と。

何も特別なものでもないし、毎日生きることを大切にしなければならない。これを武士道の根幹に置いている。

「二つ二つの場にて、早く死ぬ方が片づくなり。別に仔細なし。胸すわって進むなり。武士道は死ぬことと見つけたり」

参考①（ヘルマン・ゲーリング）ドイツの政治家、軍人。ドイツ空軍総司令官、航空相、国会議長、プロイセン州首相。ヒットラーの後継者。

②（竹本忠雄）日本の仏文学者、文芸評論家。筑波大学名誉教授、コレージュ・

ド・フランス元招待教授。２０２１年89歳。兵庫県西宮在住。２０１２年9月に行われた自由民主党総裁選挙の際は、「安倍晋三総理大臣を求める民間人有志の会」発起人に名を連ねた。

5．騎士道の敬神と神道の敬神

この日本の死に対する心構えがどこからやってきたかを知るために、フランスの騎士道が何かのヒントとなるだろう。

「我が魂は神に
いのちは王に
そして名誉は我に」

騎士道は敬神に始まり、武士道も同じく神道の敬神に始まる。私の武士道の死のルーツの不可解な旅は、神を信じた時から始まり、八十を過ぎていまだに暗中模索、日暮れて道遠しの感多しである。しかし、日本文化の樹液は、武士道であることだけはうっすらと見えてきた。その武士道がユダヤの魂の中に見え隠れしているとしか思えないのは次のことばがあるからである。
「あなたの蒔く物は、死ななければ、生かされません」(第一コリント15：36)。このユダヤ人のことばを今も日本のサムライは、快くうなずいて、己の「刀」を鎺《ハバキ》(参考①)元から、切っ先の方へ平らにムラなくポンポンと軽く叩くように、打粉《うちこ》をかけ手入れをしていると信じたい。

参考① 鎺《ハバキ》刀と鞘が不意に離れるのを防ぎ、かつ鞘の中で刀身を浮かせたまま支えておく機能がある。

第十六章　日本の空に不死鳥が飛び立つ

1. 不死鳥の翼

死んでも再びよみがえる鳥を不死鳥と言い、フェニックスと言ったりもする。伝承によるもので見た目が赤いことから火の鳥などと呼ばれることもある。死んでもよみがえるとのことで永遠の時を生きると言われる伝説上の鳥である。五百年に一度、自ら火の中に入って焼かれ灰の中から若い姿で再生する、エジプト神話にある霊鳥である。

不死鳥は自ら灰の中からのみ飛び立つ鳥であって、決してどこかから渡ってくる鳥ではなく、また他の鳥から借りた翼で飛び立つものでもない。新しい道徳が不死鳥のように立ち上がると言った人がいた。残念だがその人は二〇〇四年十一月に五千円札から消えた。太平洋の架け橋とならんといった新渡戸稲造氏である。

「神の国は、あなたがたのただ中にあるのです」イエス・キリスト

「神はすべての民族にその国語で語る預言者を与えたもうた」コーラン

これらのことばは、谷間に横たわる骨のような日本の希望である。私たちの中から不死鳥が飛び立つことを期待する。

2. 強者の道を生きる気概

新しい道徳性とはサムライの精神性を根幹としたものである。これこそ日本人にとっての潜在意識として培われてきたもの。義、礼、節制、自制、自己犠牲、勇気、忠義、忠誠、名誉、恥の精神等、徳と言われるものすべてである。別に新しいものではない。新渡戸の言う新道徳とは彼の信仰理念からくるものである。西洋のいかなる国からでもなく、ましてやどこかの宗教でもなく理論からでもなく日本人自らの中から

噴出してくる新しい道徳である。宗教とここで言うのは儀式や形式に陥った律法的キリスト教ではない。聖書のことばを実践して生活上で実証した者たちの中から新しく生まれたキリスト者たちの信仰を言う。現日本人がどこからかやって来て、この東の海沿いの国で培ってきたものの温故知新を実践する新道徳である。畑に隠されていた宝を見つけ出した者たちが、全財産を売り払ってその畑を買うようなものである。

世を変えようとした幕末の時、若者の中で現れた吉田松陰、坂本龍馬、高杉晋作、西郷隆盛ら武士たちの気概を令和の時代に期待する。

武士は「強者《つわもの》の道」と呼ばれ自立心のある者たちであった。誰に仕えようかと自分で自分の主人を選ぶ者たちであった。

一二二四年に執権となった北条泰時が、初代連署《れんしょ》、北条時房や評定衆《ひょうじょうしゅう》とともに編纂した御成敗式目の中で最も重要としたものは、第七条の将軍によって与えられた土地を保障することと、第八条の二十年間実効支配すれば誰からも奪われないという部分である。いったん相続した土地でも親が返せと言えば取り返せる「悔返《くいかえ》し」や、子供のいない女性が養子をもらって土地を相続するなど、親の権利を優先していた。また、女性にも大きく権利が認められていることは注目に値する。特筆すべきは、日本で女性の地位が低く見られるようになったのは江戸時代からであり、一五六三年に日本にやってきたルイス・フロイスは「日本女性が男性と対等の権利を持っている」と記録に書いている。

鎌倉時代に女性の地頭がいたことは、とりもなおさず男女同権であったからだ。と言うことはこの精神が武士以前、すでにその思想の流入があったことに他ならない。「日本女性が男性と対等の権利を持っている」ということが、突然に武士の台頭とともに地面から噴き出した間欠泉的奇跡だと信じる人は、よっぽどの強い偏狭的信仰（迷信）の持ち主であろう。それと同様なことを私は皆様に申し上げたい。つまり「聖書信仰」は民族移動の形の中で、日本という土地に流入してきた部族の渡来によってもたらされたとしかありえないのであると。

山鹿素行（参考①）の語録の中の「士たるものは人倫の道を実践し、農・工・商の模範と成り、三民を教化していかねばならぬ」は、江戸時代には戦う武士が職を失う二百六十年間の平和の時代に精神性が鍛え上げられたのであった。武器を持った力ある者たちが官僚となった。現在令和の時代の官僚たちが、灰の中から立ち上がって舞い上がる不死鳥となるための語録は、

「武は不祥の器なり。国家人民のことにかからざれば用いるべからず。天下国家を思

わず、我一人我が家のみの為に使う兵、民これにより死して国滅ぶ」（『孫氏諺義《げんぎ》』第十四）

「吝嗇《りんしょく》（ひどく物惜しみすること、ケチ）は罪悪である。賢人たるものは出し渋るより、多く人に与えるのが宜しい。士が財物を与えなければ来るもの無し。縁なき眇《びょう》（とても小さい様、とるに足らない様）たる矮人が来るのみ」（『武教小学』与授）

「女色にふけるは誠を失する邪悪なり。之を貪り之を淫するに至るは、情の過溢流蕩にして以て天下古今に及ぼすべからず。女色多きは精神を病み、礼を無くし争いを生む。大きな戒めとすべし」（『武教小学』色欲）

がふさわしい。

現在この資本主義社会を変え新しい体制とする変革期にあると思う者はほとんどいない。ましてや共産主義、全体主義への傾向に思想が傾くなど問題外である。日本人の中にロシアのプーチン、中国の習近平の一党独裁、北朝鮮の一人の絶対権力者体制を望む者などいない。個々のいのちと自由があって、家庭を築き、社会が成り立つ基本道徳の確立を否定して希望を抱く妄想などといったサムライ精神の樹液を絶やすような現状改悪など想像するも恐ろしい。

ちなみに武士は別名「侍《サムライ》」だが、さぶらふ（侍ふ／候ふ）に由来する。サムライということばをヘブル語から紐解くと、シャマル（shamar）が見張る、防御するとなり、同類語でシャムライは護衛となる。――アイ（――ＡＩ）は、ヘブル語で人の職業を言い表す接尾語だという。ことばの類義語を教えられた時、私はなぜかさもありなんと納得したものである。

参考①（山鹿素行）９歳の時林羅山の門下に入り朱子学を学ぶ。江戸時代前期の儒学者、軍学者。山鹿流兵法および古学派の祖。

３．預言の力といのちの福音

宗教界はどうだろうか。仏教は葬式宗教となり、空海の教えた即身成仏、法然の念仏の信仰、親鸞の信じる信仰へのこだわり、日蓮のことばを信じることの重要性と路傍での伝道の力を知るものはほとんどいない。日本人の道徳に一矢を報いてきた神道は伝統にあぐらをかいている。神主は行事に奔走し、精神的、道徳面の力不足は否めない。道徳を含む人格形成を叫んできた二千年の歴史を有するキリスト教会は表舞台に立てず、日本人の魂に届かせる真理を表現する力は、信者間で空回りしている。「個人と国家の品格形成の明星、すなわち武士道という不死鳥が飛び立ってほしい」と願う人は多い。武士道の持つ精神性の力は計り知れない。しかしその力は空振りしている。武士道がよみがえることによって日本の日本たる姿がよみがえり、背筋が真っ直ぐになる。

それゆえに新しい道徳が不死鳥のごとく飛び立つという新渡戸稲造のことばは、預言であった。預言に力を注入する人が必要なのである。

昔の武士の徳がどのようにして起こり、成長を遂げたのであろうか。鎌倉武士の世代から江戸の武士の徳の完成への途上を経て、明治以降の堕落から大正、昭和、平成、令和と時の経つに連れて、その衰退はいかんともしがたい。その徳が不死鳥のように飛び立つ時が来る希望は、どうすれば実現可能なのだろうか。

日本人のバックボーンがシャキッとしていたのは、武士道が働き力を発揮していた時であった。日本建国時にはその鳥は、死鳥ではなく生きて飛び回っていた。その痕跡を見出すために温故知新がある。そのルーツは旧約聖書に貫かれているイスラエルの精神に見つけ出されることはこの書で確認してきた。これは今まで私たちに語られてきた宗教の教えではないし、いわゆる西からやって来たキリスト教でもない。西洋神学でなく東方から伝播して来たイエスの教えから湧き上がるいのちの福音をおいて他にない。ことば上の表現力ではない日本に根づいた神のことばの力であり、証明する人たちである。

旧約聖書の預言者エゼキエルという人が幻を見た。谷間に横たわる枯れた骨だった。彼がその骨に神のことばを語った。そうすると肉がつき筋がつき元の体になってよみがえり、それが大群衆になった。この幻を見る第二、第三のエゼキエルが、日本に現れる時、東の空に輝く希望の星となる。日本にいた第二のエゼキエル、それが新渡戸であり、内村であった。武士道復活は、とりもなおさず私たち一人一人にかかっているのだが、これからの日本の中のイスラエル性に着目しながら、サムシンググレイトの存在と日本の未来を共に見てみたい。

4．景教の光の教え

イエスの十字架による罪の贖いを発端として、弟子たちの忠誠とその献身ぶりに匹敵する者たちは殉教をいとわなかった。殉教者が一番多いのはキリスト教である。中でも特筆すべきは江戸時代の禁教による日本におけるキリスト教（バテレン＝伴天連）の殉教者の数は世界でも驚嘆に値するほど多かったことだ。ちなみに、キリシタン大名の追放が始まった慶長十九年（一六一四年）の時点で、少なく見積もっても二十万人、多くて五十万人とみられる。当時の人口が千二百万人であったことに鑑みても日本人の神への信仰は何をもって検証できうるのであろうか。武士道が、日本の土壌に育ったイエスの痕跡がもたらす実であるとするのは、早急であるかもしれないが、いのちより大事なものがあるという死生観、すなわち死ぬことを前提に生きることを求める姿勢には共通するところがある。

私たちのこの日本におけるキリストの教えは、ザビエル以前に景教の伝播、他のことばで言えば「光の教え」である信仰が見られている。宗教的な組織力を伴ったものではなかったとしても、その光は日本人の心に灯されていた。

聖徳太子は世界で初めて民主主義を唱え、能力に応じた人材抜擢《ばってき》を採用、医療施設の創設などの偉業を成した人であった。人類の救い主誕生の経緯、家畜小屋で生まれ、飼い葉桶に寝かされたキリストにあやかった「ウマヤドの皇子」の名との関連を連想させる。東回りのキリスト教である景教は、表に現れず日本人の心の深層に入り、日本人の内側を形成した。内面に着地した思想、その上に成り立つ生活様式、宗教面で神道、日本で特異に発展を遂げた仏教などにもぐりこんだ。神道や仏教を少しでも知ろうとした人が聖書を知るために少しの努力を払うならば、その樹液に気づくのにそれほどの時間はかからない。

外側のラベルはキリスト教ではないが、内に秘められている道徳概念は武士道という名のもとで、いのちをかけた人生観へと発展し、日本人の生き様を形造った。しかし、江戸時代の平和、平成時代の安逸に溺たがために、空洞化し枯れた骨と呼ぶ他にことばが見つからないほどになった。武士道は今や風前の灯である。空海、日蓮のように真理を求めて体を張って日本を奮い立たせようとした伝道の精神力には舌を巻く以外にない。今、インドから発生し、仏教そのものの形骸化はもとより、西回りで日本に入り、アメリカ式である株式会社的キリスト教と呼んだ内村鑑三が見抜いた西洋キリスト教に望みを抱く日本人キリスト者の弱体化は著しい。形式化した宗教にもはや人は目もくれない。しかし「枯れた骨」と呼ぶ表現にうなずくキリスト者もそこかしこに見受けられる。その人たちは聖書のことばの真実性にうなずいている。

日本人が知らないで拝んでいる神、そのお方の恵みを仰ぐ日本人の魂が培い育ててきた不死鳥、その鳥にいのちの息を吹き込む天の声を聞く者たちが数多く起こり来たらんことを。

その時日本が世界に羽ばたく国になる。そんな時が来るのは案外近いのかもしれない。祈りは物事を変えるからだ。

5. 物語の背景がわからない日本人

四十年は人の活躍できる長さ。二十歳から六十歳くらいだろうか。いや三十歳からかもしれない。私ごとで恐縮だが、毎朝食べ続けているものがある。あまりにも美味しいので、時折人様にも差し上げているのが、ニュージーランドのクローバーハニーである。

パンをトーストにしてその蜜を上にのせて食べる。お前は日本人なんだから、朝ごはんに味噌汁ではないのか、と小さな葛藤を覚えながら味噌汁と一緒に右手に箸、左手にパンを持ってこの四十数年の朝食を楽しんできた。

日本人の食生活は、黒船以後多くがこのような形になった。日本人はその間、精神的にも西洋化が進んだ。

黒船がもたらしたものは、眠りをむさぼり安逸を決め込んでいる者にはショックであり、夜明けを求める若者には朝食にトーストが入りこんだようなものだったかもしれない。吉田松陰のやむにやまれぬ大和魂が、日本の問題に手術のメスを入れた時だった。島崎藤村の『夜明け前』は日本の根源を問う長編小説である。彼はキリスト信者となるが、棄教をする日本人としての意識にメスを入れた。内村鑑三の無教会主義の西洋キリスト教を非制度化しようとした姿勢と努力に相通じるところがあった。新島襄が函館から密航したのが一八六四年、そのころから四十年の四倍が過ぎようとしている今、日本の問題が聖書の預言どおりに解決するのは、日本イスラエル回復である神の摂理が成就する時なのである。

二十一世紀の今も日本は、大東亜戦争の敗北を引きずりながら、まっとうな形で両脚を踏ん張って歩くことができないでいる。国だけの問題ではなく、個人個人の生き方を決める精神的バックボーンがカルシウム不足を起こしている。骨《こつ》粗鬆《そしょう》症でスカスカだからこそ、不死鳥を飛び立たせる人物、精神面の改革者が百二十年後の今、どこかから現れるのが待たれる。日本イスラエルにいのちの息を吹き込む者は、夜明け前に目覚める者たちである。

宗教はアヘンであると言った人がいるが、一面のみを見た人であって、その人生途上で「武士」に遭遇しなかった悲しい人であったに違いない。宗教という響きの持つニュアンスは私も大嫌いな一人であるが、その内実は人の道、日本人がよく理解できる道である。私たちが心の奥底では、その道に憧れに似た思いをいまだに持ち続けている。それを「武士道」の中に求めるのである。理屈抜きで「ならぬものはならぬ、やむにやまれぬものがある」のだとする大和魂、すなわち死ぬことによって生きる潔さに胸が高鳴るのである。

「わたしはいのちのパンです。わたしを食べる者は死んでも生きる」と言ったイエスの与えるパンは、人生の朝食ではなくて、豪華な夕食の食卓である。

私の部屋の窓は南を向いている。英虞湾のそばに広がる樹海の向こうに太平洋がチラッと見える。左から太陽が昇る夜明け前の空は、自らの色を樹海に投げかけ紫でもなく柿色でもない不思議な色に変化させていく。その一瞬一瞬がシャッターチャンスである。だが神は、その一瞬の美を継続して見せてくれる映像の創造者である。

日本の歴史のその一瞬の一コマを見ることで、その美を楽しませてくれるかもしれないが、戦後七十八年の映像は日本のバックボーンを明確に見せていない。それは俳優である私たち一人一人が監督の心を知らず、背景を全く度外視して演じているがためである。四十年を一コマと見て、その四コマ分が黒船以後今まさに過ぎようとしている。

第十七章　正月の餅は日本の祝福

1. 人生は終わりで決まる

骨と皮だった。家内の母が逝った。九十七歳だった。一年ほど寝たきりだったが義母が亡くなる四年前に私の母も旅立ったが骨と皮だけだった。私の母は九十六歳だった。十年間入退院を繰り返したが自分の家での大往生だった。二人とも小さな骨壺に十分入る白い骨が寂しさを倍にした。哀れ人の結末、終着駅は栄枯盛衰、人はみな草のよう、しおれ花は散る。死者を水で清める儀式の時、「ありがとう、すまんねぇ」が口癖だった寝たきりの義母の光り輝く魂を知っているので、横たわる小さい遺体との対照はあまりに鮮明に胸を打った。からだは滅びても魂は輝く、そして天に帰っていく。

人の最期に立ち会う時ほど人の一生の寂寥感に押しつぶされそうになる。元旦に国民こぞって神社仏閣に詣でて手を合わせ祈る姿に誰が異を唱えることができようか。無病息災、家内安全、商売繁盛、平安のうちに最期を迎えたいという私たちの祈りは心からの神への願いである。

二〇〇四年十月、出雲大社のすぐ近くの旅館で開催されたキリスト者の宣教団体主催の大会に出席した。大社の絵馬を読んだ。

「私と私に良い人と関わりのある人が幸福でありますように」

「〇〇子と△△男が結ばれますように」

「巡り合えますように」

無数の切実な祈りがそこにあった。縁結びの神様はご多忙である。

正月に日本人は祈る習性をもつ。両手を胸に合わせ頭を垂れて祈る。日本人の文化か凝縮されているようだ。被造物は何でもかんでも神であるとする日本人には本当の宗教はないという人もいる。いや宗教心は豊かであるという人もいる。両端から同じものを見た場合で、言い得て妙である。

半世紀以上牧師として日本人の宗教意識の喚起に努めてきた。老人の柩《ひつぎ》から語る無言のことばには到底伝道者のことばなど太刀打ちできない。まして若者の柩の中からの無言の強烈な語りかけの前に、牧師のことばなど貧弱な秋の夜長の虫の鳴き声にしかすぎない。

人は人生の豊かさを願う。その豊かさの度合いの大小を決めるのは、結婚式の時よりむしろ葬式の時である。スタートの時よりゴールの時である。だが私はこの書を終える時が近づいている今、日本人のスタートの光沢に焦点を当てたい。その後で終焉のゴールも考えてみたい。

2. 国中の人が同時に行う風習

どこの国に同時に国民揃って出かけ一緒に祈る民があるだろうか。その祈りのために夜中に正装して出かける。出かけた先で手を合わせる。帰宅して夜が明けて同じものを食べる。韓国、中国、インド、ヨーロッパの国々、アメリカ、オセアニアの友人に尋ねてみた。そんなことしませんと皆同じ答が返ってきた。そんな風習、習慣は私の国にはありませんだった。

一年の終わりの大晦日と始めの元旦に国民こぞって祈る。少なくとも私の子供の頃はそうだった。

令和の時代にあってはグローバリズムの嵐が日本列島を襲っている。そのために何千年もの歴史的日本の暖かい風が冷えて来た。

日本の「パン」について考えたい。

正月のモチである。

餅はペッタンコ、ペッタンコと杵と臼で打たれて押しつぶされて練られてできる。餅は臼の中での悲鳴の果てに私たちの口に入る。その餅の起源が旧約聖書にあるといえば、「まさか！」と言われるかもしれない。

「出エジプト」というイスラエル民族大脱走の時、紀元前一五〇〇年頃、奴隷から解放されたおよそ三百万人に起こった空前絶後の出来事でのことである。その前夜、次のように神は指図された。

羊か山羊の血を家の二本の門柱とかもいに塗りなさい。その夜その肉を食べる。種を入れないパンと苦菜を添えて食べなさい。あなたはこれを主への祭りとして祝い、代々守るべき永遠の掟としてこれを祝わなければならない。「永遠に守ること」と命じられたのである。

これを過越の祭りという。

この祭りは七日間行われた。仕事もしてはならない。最初の二月の七日から十四日までの祭り。ユダヤ暦第一のニサンの月（新暦の三月または四月頃）の十四日目を祝った。旧約聖書レビ記二十三章五節に第一の二月の十四日には夕暮れに過越の生贄を主に捧げたとある。

イスラエルの民が行う過越の祭りは、ユダヤ暦の正月はニサンの月、民族としての祭りで種を入れないパンを食べる。発酵させない輪型のパンである。十二個を六個ずつ並べる。十二個は十二部族を象徴した。日本のお鏡は三個ずつ床の間に二列に置く。

アメリカでヘブル語を学び、故郷の東北民謡にヘブル語で歌う唄があると発表した川守田英二氏は、日本語としては意味不明な民謡ことばもヘブル語で意味が通ると言う。種を入れぬパンのことをヘブル語（母音がないＭＴｓｈ）では、モッチと発音するかもしれないが、実際はマッツォと発音している。麦のみを産するカナン、現在のパレスチナ地方では麦を粉にしたクラッカーを食べて昔を偲んでいる。しかし、当時エジプトでは米《こめ》を産したので大元は米の粉から焼いたパンである。それをパンと言わないで日本語でいう「モチ」＝「マッツォ」というのは発音上ほとんど同じである。

エジプト脱出時、イスラエルの民はかもいに小羊の血を塗り、種を入れないパンを食べて出発した。それから自分たちの約束の地カナンを目指した。荒野を回り道して四十年間さ迷った。しかし旅する者たち全員が健康であったと記されている。これは信じがたいほど驚くべきことである。彼らは四十年の間、第一の月、正月にイースト菌の入っていない純粋の米のパンすなわち「マッツォ」を食べ続けていたというのだ。

健康は人生を豊かにする条件の一つというよりそのものズバリであろう。人の願いはからだも心も健康であること。この祝福を天皇も日本国民も元旦に天の神に祈る。健康の要因となっていることを知らないで大昔から元旦から七日間、食べ続けてきた。世界で平均寿命第一位というその輝かしい記録の意味にもなるほど合点がいく。

3. イエスに関するイザヤの預言

家内の母も私の母もそのからだは小さく見すぼらしく枯れていた。しかし、その魂は輝いていた。周りの者への感謝のことば「ありがとう」は光であり、暖かい風をなびかせていた。

魂が天に凱旋する。これはまさに彼女たちへの勲章である。「人はパンのみで生きるのではない」はことばである。パンはからだを健康にして保つ。ことばで人は生きる。イエスはそのパンはわたしだと言われた。ご自分のからだを砕いてわたしを食べなさいとイエスは言われた。イエスは過越の小羊であった。ニサンの月の十四日午後、十字架上で死なれ、十六日の朝よみがえられた。過越の小羊がほふられる種なしパンを食べる日が来た時、イエスは言われた。

「わたしは、苦しみを受ける前に、あなたがたといっしょに、この過越の食事をすることをどんなに望んでいたことか」

彼の流された血と砕かれたからだこそが人類の罪や咎を贖う神への捧げものであった。キリスト教には二つの儀式がある。洗礼すなわち水によるバプテスマと聖餐式《せいさん》である。その聖餐式は、聖書に次のように書かれている。

それからパンを取り感謝を捧げてから裂いて弟子たちに与えて言われた。

「これはあなたがたのために与えるわたしのからだです」

私たちが裂くパンは、キリストのからだに預かることである。キリストのからだは、永遠のいのちと日常の生活での万病に効く薬と予防の働きをするのである。

私たちが弱くなり、不健康になり、病人となり死ぬ者も多くなるのは、いのちのパンであるイエスのからだを象徴するパンとイエスの血である杯の意味をわきまえもしないで飲み食いするからである。相応しくないままで食べたり飲んだりする。一人一人が自分を吟味してパンを食べ杯を飲まないので病人が多いと新約聖書は述べている。その飲み食いによって生活習慣病となる現実に事欠かない。添加物と農薬にまみれた食品を口に入れるなら、からだが蝕まれる。

紀元前七六〇年頃、イエスに関する預言をイザヤが語った。

「彼は私たちの病を負い、私たちの悩みをになった。……彼の打ち傷によって、私たちはいやされた」

預言的解釈なのだが、イエスを信じる信仰によって、私たちは病気に打ち勝ったと宣言しているのである。ということは病に気落ちせず、望みを抱いていのちのパンを食べなさいと聖書は言っているのだ。

私たちの多くは環境が抜群のところに住んでいない。東京も大阪も天の川など見ることができない。私の住む伊勢志摩、英虞湾の人里離れた自然豊かな恵まれた地域でも今や大きな魚は獲れないという。伊勢海老も少ない。それにもかかわらず日本の老人は若々しい。皮膚は滑らかだ。日本食の寿司がからだに良いという。

健康の最大要因として年の初めに口に入れるものを一考しよう。正月に食べる餅である。私が小学校に入った頃だった。めでたい正月なのに、どうして七日間冷たい膾《なます》料理で餅ばかり食べるの？　と不思議に思って母に尋ねたことがあった。母はその理由を知らなかった。

メル・ギブソンの『パッション』という映画を私は封切の日にニュージーランドで観た。その強烈さに息をのんだ。イエスのからだが打たれ叩かれ、骨のついた鞭で裂かれていくその様はまるで蒸籠《せいろ》で蒸された米が臼の中で叩かれ、練られていくようであった。私たち日本人は正月に餅を食べる。なぜ餅を食べるのかを問わず、ただ先祖からの慣わしだからという理由で食べている。

旧約聖書のイスラエル民族への約束と契約の中にその真意が隠されている。イエスの十字架上でのからだを打たれた傷による恩恵を、自分自身、私の事として食べるとすると、健康と長寿の秘訣が見えてくる。世界で稀に見る平和と繁栄を享受している日本人への神様の不思議なおかげとしか思えない恵みに頭を垂れるのみである。これがイエスが十字架上で砕かれた目的である。私たちの病をいやすためにその姿は見る影もなく打たれ苦しめられた。まるで餅がつかれていく姿そのものである。

私たちが知らないで行っている行事の中に、人知をはるかに超えた神の愛があることを知るにいたらんことを祈りつつ。

了

あとがき

幕末の少し前に青木周蔵という若い外交官がいた。

「ドイツ皇帝ウィルヘルム一世はすべての権力をにぎって、自ら考え、自ら実行されているのでございます。陛下はなぜ政治を臣下におまかせになったままなのでありましょう」

明治天皇はユーモアの感覚のゆたかな人だったから、

「青木、日本は伝統が違うよ」

といわれず、ただ微笑《わら》って、かれが退出したあと、参議の伊藤博文をよび、

「こまったよ。青木に日本のことをよく教えておいてくれ」といわれたという。

これは司馬遼太郎が「日本のかたち」を多方面から書きとめた逸書の中の挿話である。事実かどうかはわからないらしいが、おおいにありえると結んでいた。

私が仕えている〝日本の天皇〟でもある万軍の主が言われたように思った。

「日本の牧師をはじめクリスチャンに日本のことをよく教えておいてくれ」

私はなんとか片意地をはらずに、それでいてある程度熱心に記したつもりだ。

それでも〝青木〟はわかってくれるかどうか自信がない。

これが私のあとがきである。

参考文献

聖書（新改訳・詳訳聖書・新共同訳）　日本聖書刊行会・日本聖書協会

神長官守矢史料館のしおり　長野県茅野市

菅江真澄の信濃の旅　信濃古典読み物叢書6　信濃教育会出版部

日本ヘブル詩歌の研究　川守田英二著　八幡書店

武士道　新渡戸稲造著　三笠書房

日本・ユダヤ封印の古代史　ラビ・マーヴィン・トケイヤー著・久保有政訳　徳間書店

日本は聖書の国だった！　畠田秀生著　ともはつよし社

現代語古事記　竹田恒泰著　学研

謎の九鬼文書　佐治芳彦著　徳間書店

中田重治全集　いのちのことば社

ル・武士道　竹本忠雄著　扶桑社

畠田秀生　はたけだ ひでお

1940年生まれ。同志社大学西洋史専攻。1963年ニュージーランドへ貨物船で無銭旅行を企てる。そこでキリストを信じて翌年帰国。本田弘慈牧師の本田クルセードに協力。1965年大阪中之島公会堂にて開拓伝道を開始。その30年後に独立し「聖書と日本フォーラム」会長。伊勢志摩登茂山の同研修センター所長。伊勢志摩登茂山の家の協会牧師。著書に「古代ユダヤから21世紀の日本へ」文芸社刊。「日本は聖書の国だった！」ともはつよし社刊。「武士道はキリストが起源だった」文芸社刊。「古事記と聖書」ヒカルランド刊など。YouTube にて日曜礼拝メッセージ等を配信中。

聖書と日本フォーラム（Bible Japan Forum）

事務局を大阪に置き1993年に発足する。日本とイスラエルの古代史からの歴史、伝統、風習、習慣、宗教（特に神道）に至るまで、その類似性と関連性を研鑽する。現在は三重県志摩市に研修センターを置き活動している。聖書と日本が深く結びついている預言を調べ、イエスの福音の宣教を日本人に根づく働きをする。現在二代目会長として、著者の畠田秀生牧師が着任。毎月機関誌を発行し、YouTube に【bible japan】【seishotonippon】二局のチャンネルを設け、講演と聖書のメッセージを配信しつつ、日本各地で定例集会を開き、聖書の知識の浸透に寄与している。

住所：〒517-0604 三重県志摩市大王町船越2900-32　電話番号 0599-72-0036
会員の申込、お問い合わせは　h-bible@shima.mctv.ne.jp

HP
【聖書と日本フォーラム】

YouTube
【seishotonippon】

YouTube
【bible japan】

失われた十部族の【不死鳥】
ヤハウェの民【大和】である日本人よ！
今こそ【よみがえりの預言】を地上に打ち立てよ！

第一刷 2023年3月31日

著者 畠田秀生 Hatakeda Hideo

発行人 石井健資

発行所 株式会社ヒカルランド
〒162-0821 東京都新宿区津久戸町3-11 TH1ビル6F
電話 03-6265-0852 ファックス 03-6265-0853
http://www.hikaruland.co.jp info@hikaruland.co.jp
振替 00180-8-496587

本文・カバー・製本 中央精版印刷株式会社

DTP 株式会社キャップス

編集担当 高島敏子

ISBN978-4-86742-218-2